HAMBURG ISST

MLV

Für Rosemarie,
die Urmutter aller Vegetarier

IMPRESSUM

MLV MISSING LINK! Verlagsgesellschaft
Allen, Mundschenk und von Rönne oHG
Rothenbaumchaussee 83, 20148 Hamburg
Telefon: 040/ 41 33 34-0, Telefax: 040/ 410 33 17
Internet Adresse: http://www.ML-Verlag.de

Gestaltung & Illustrationen:
Kathrin & Jennifer Prinz, Prinz & Prinz Hamburg
Satz: OPS Obenhaupt Publishing Service GmbH, Hamburg
Druck: Grindeldruck, Hamburg
Rezepte und Fotos mit freundlicher Genehmigung
der Zeitschrift „Vegetarisch fit", HCM Verlag, Hofheim.
Recherche & Anzeigen: Jens Kuhnke, Julia Hennings-Rezaii
1.Auflage 1998
Gedruckt auf 100% Recyclingpapier

COPYRIGHT

MISSING LINK! Verlagsgesellschaft, Hamburg.
Alle Rechte vorbehalten, auch die der auszugsweisen sowie fotomechanischen und elektronischen Vervielfältigung, die des Scannens und der kommerziellen Adressen-Auswertung und Übersetzung für andere Medien. Der Verlag hat sich um eine sorgfältige Recherche bemüht. Sollten trotz größtmöglicher Sorgfalt Angaben falsch oder fehlerhaft sein, bedauern wir dies und bitten um Benachrichtigung. Der Verlag kann jedoch keine Haftung übernehmen.

ISBN 3-931234-04-5
DM 19,80

FLEISCHLOSE HAMBURGER?

Immer mehr Menschen essen immer häufiger immer weniger Fleisch. In Hamburg hat dies zu einem vielfältigen Angebot geführt, das sicher nicht nur für den „eingefleischten" Vegetarier interessant ist.

In diesem Buch finden Sie in drei Kapiteln über 200 Adressen, um essen zu gehen, sich beliefern zu lassen oder um für den Hausgebrauch gesund einzukaufen. Dabei haben wir bei der Auswahl besonders viel Wert auf eine undogmatische Betrachtungsweise gelegt.
Sie finden z.B. das rein vegetarische Spitzenrestaurant friedvoll Seite an Seite mit der Imbißbude, die auf ihrer notorisch fleischlastigen Angebotstafel (Döner, Currywurst, Hähnchen) auch interessante fleischlose Alternativen (Pita, Pizza & Falafel) zu bieten hat. Und um Ihnen die Auswahl zu erleichtern, sind alle Adressen mit unterschiedlichen Symbolen gekennzeichnet.

Wir wünschen viel Spaß beim Lesen und hinterher guten Appetit!

Ihr MISSING LINK! Verlag

P.S.
Die italienischen und türkischen Restaurants haben wir bewußt vernachlässigt, da man dort zumeist sowieso etwas Vegetarisches findet.

ZEICHENERKLÄRUNG

 Rein vegetarisches Angebot

 Gemischtes Angebot
(Fisch/Fleisch + vegetarische Speisen)

🕐 Öffnungszeiten

👨‍🍳 Art der Küche (z.B. indisch, etc.)

🍽 Preise der vegetarischen Hauptgerichte*

💳 Diese Kreditkarten werden akzeptiert

🚭 Nichtraucherzone/-restaurant

🪑 Anzahl der Plätze im Restaurant

⛱ Anzahl der Plätze im Freien

🧭 Stadtteil/Ort

🛴 Liefergebiete

🏪 Wochen-/Ökomärkte

🚌 Anbindung an öffentliche Verkehrsmittel

🅿 Eigene Parkplätze

* Stand: August 1998

INHALTSVERZEICHNIS

Gastronomie & Hotels 6-69

Partyservices & Lieferdienste 70-95

Einkaufstips & Rezepte 98-158

Ökomärkte...96-97

Plan der Hamburger U-Bahn 159

Pikante Frischkäsebällchen

Rezept siehe Seite 140

Abaton Bistro
Grindelhof 14 a
20146 Hamburg/Univiertel
Tel. 45 77 71

So-Fr: 11⁰⁰ - 1⁰⁰
So: 16⁰⁰ - open end

Spezialität: vegetarische Reispfanne

Vom riesigen Rohkostteller über Vollkornnudeln mit Mais, Tomaten und Sahnesauce bis hin zur mit Schafkäse und Gemüse gefüllten Vollkornteigtasche gibt´s viel vegetarische Auswahl. Daneben natürlich die klassischen Salat- und Pastaangebote sowie ein bißchen „Dies und Das". Grundsolides, anständiges Preis-/Leistungsverhältnis und genau das richtige vor oder nach einem Kinobesuch im Abaton.

(international) *(DM 9,50 bis 12,80)* *(ca. 250)* *(ca. 60 an der Straße)* *(Univiertel)* *(Bus 102 Grindelhof)*

Al Limone
Lämmertwiete 12
21073 Hamburg/Harburg
Tel. 7 67 90 32

täglich: 18⁰⁰ - 24⁰⁰

Spezialität: Austernpilze

Harburg hat sich bei unserer Recherche nicht gerade als vegetarische Hochburg entpuppt. Um so erfreuter waren wir, als wir das Al Limone entdeckten. Hier gibt es nicht nur circa 20 vegetarische Gerichte auf der Karte, es wird auch jeden Tag ein vegetarischer Mittagstisch für kleines Geld angeboten. Und wer einen Platz im Wintergarten ergattert hat, darf rundum zufrieden sein.

(international-italienisch) *(DM 9,50 bis 13,50)* *(60)* *(ca. 20 zur Straße)* *(Harburg)* *(U-Bahn Rathaus Harburg)*

Al Pascha
Hoheluftchaussee 91
20253 Hamburg/Hoheluft
Tel. 42 91 31 29

🕐 täglich: 11:30 - 23:30

Spezialität: Falafel, Gemüsesandwich

Wer günstig, schnell und trotzdem außergewöhnlich vegetarisch essen möchte, hat im Al Pascha eine neue Stammadresse. Vom vegetarischen Falafel (Kichererbsenpüree, weiße Bohnen, Zwiebeln + Kräuter) für kleine DM 5,- über Tabula aus Petersilie, Tomate und Getreide (viel leckerer, als es sich anhört!) oder dem vegetarischen Al Pascha Teller - alles ist unglaublich schmackhaft! Man kann sich auch alles einpacken und mitgeben lassen oder den angeschlossenen Partyservice buchen. Ist doch mal was anderes!

(arabisch) (DM 5,- bis 12,-) (17) (6) *(Hoheluft)* *(U-Bahn Hoheluft)*

Annam
Hoheluftchaussee 86
20253 Hamburg/Hoheluft
Tel. 48 90 90

🕐 täglich: 12:00 - 24:00

Spezialität: streng buddhistische Gerichte

Für Liebhaber der „asiatischen" Küche (die es genausowenig gibt wie eine „europäische") ist das Annam ein Muß. Das Angebot an Vegetarischem ist zwar klein, aber fein, wie auch die übrige Speisekarte.

So werden z.B. aus Tofu, Zitronengras und Pilzen Medaillons gefertigt, die dann gegrillt mit Glasnudeln serviert werden. Eine Nichtraucherzone gibt es nicht, aber durch die Aufteilung der einzelnen Räume und eine gute Umluftanlage vermißt man sie auch nicht.

(vietnamesisch) (DM 4,- bis 23,50) (45) *(Hoheluft)* *(Bus 102 Gärtnerstraße)* *(alle gängigen)*

Asia-Grill Babylon
Ditmar-Koel-Str. 8
20459 Hamburg/Neustadt
Tel. 31 23 27

täglich: 10³⁰ - open end

Spezialität: Asiatisches

Hier gibt es ein erstaunliches Sortiment für einen Imbiß. Nicht nur die Gesamtmenge, auch das speziell vegetarische Angebot läßt sich sehen. Nicht weniger als 17 verschiedene Gerichte sind als vegetarisch gekennzeichnet, dazu kommen weitere 5 Pizzasorten ohne Fisch oder Fleisch. Und es gibt in den einzelnen Rubriken wie Suppen, Pasta oder Salate noch weitere fleischlose Angebote. Für die schnelle Nummer zwischendurch einfach perfekt! Natürlich gibt´s auch alles außer Haus.

(international-asiatisch) *(DM 8,50 bis 11,50)* *(30)* *(ca. 30 zur Straße)* *(Neustadt)* *(U-Bahn Landungsbrücken)*

Avocado
Kanalstraße 9
22085 Hamburg/Uhlenhorst
Tel. 2 20 45 99

Mo-Sa: 18⁰⁰ - 22⁰⁰
So: 18⁰⁰ - 21³⁰

Spezialität: Bratling von Sonnenblumenkernen

Dieses kleine, feine Nichtraucher-Restaurant bietet eine spannende Auswahl an vegetarischen Genüssen (Aber Achtung, die Küche nimmt nur bis 21.30 Bestellungen entgegen!). Im übrigen ist eine Reservierung absolut empfehlenswert, denn ein Abend, der mit „Tut mir leid, wir sind ausgebucht" beginnt, endet selten schön.

Tagsüber lassen sich die Herren Jörgensen und Auer für geschlossene Gesellschaften ab 10 Personen auch zur Öffnung überreden. Und dann wird auf Anfrage auch ein komplett fleischloses Angebot entwickelt.

(international) *(DM 21,- bis 32,-)* *(keine)* *(total rauchfrei)* *(50)* *(Uhlenhorst)* *(Bus 108 Hofweg)*

Aylin
**Eilbeker Weg 39
22089 Hamburg/Eilbek
Tel. 2 00 14 66**

Mo-Sa: 12⁰⁰ - 24⁰⁰
So: 12⁰⁰ - 23⁰⁰

Spezialität: türkische Vorspeisen

Ein absoluter Geheimtip! Nicht umsonst feiern viele türkische Familien besondere Anlässe im Aylin. Neben den 6 ausgewiesen vegetarischen Gerichten (hauptsächlich Omeletts) gibt es noch Salate und unglaublich leckere Vorspeisen, die es auf Wunsch auch rein vegetarisch gibt (Die gefüllten Weinblätter gehören bestimmt zu den besten der Stadt!). Das Restaurant ist geräumig und angenehm hell, der Service ist ausgesucht freundlich. Daß die Küche jeden Tag bis 23 Uhr durchgehend geöffnet hat, macht das Aylin noch sympathischer, genau wie das Angebot an deutschen Öko-Weinen.

(türkisch) (DM 12,50 bis 15,50) (ca. 90) (ca. 30 auf der Terrasse) (Eilbek) (U-Bahn Ritterstraße)

Balutschi
**Grindelallee 33
20146 Hamburg/Univiertel
Tel. 45 24 79**

täglich: 12⁰⁰ - 24⁰⁰

Spezialität: Seitan-Karhai

Wie immer in der pakistanischen Küche wird auch im Balutschi sehr viel ohne Fleisch oder Fisch angeboten. So finden sich auf der Speisekarte (inklusive der Vorspeisen) immerhin 40 verschiedene vegetarische Gerichte. Und die sind oft ziemlich scharf, aber immer ausgeprochen lecker und vielseitig gewürzt.

(pakistanisch) (DM 13,- bis 17,50) (Diners, AE, Euro-, Master-, Visacard) (60) (Univiertel) (Bus 102 Staatsbibliothek)

HAMBURG GENIESST

– SPA –

DAS BELGISCHE PREMIUM-MINERALWASSER

IM TREND...

... **die Marke** – internationales Prestige seit 1583

... **die Produkte** – natriumarm und ausgewogen, besonders geringe Mineralisierung

... **das Sortiment** – mit und ohne natürlicher Kohlensäure

die Range – 0,2 l Glas, 1,0 l Glas, 1,5 l PET Mehrweg

EINE BEZUGSQUELLE IN IHRER NÄHE ERHALTEN SIE VON:

Strelow & Co.

...IHRE GETRÄNKE-PROFIS

Bornmoor 18 · 22525 Hamburg
Tel: (040) 54 00 97-0 · Fax: (040) 54 00 97-38

SPA. DENN ES GIBT WASSER UND WASSER.

Bar Levante (im Levantehaus)
Mönckebergstr. 7
20095 Hamburg/Innenstadt
Tel. 32 52 63 63

🕐 Mo-Do: 9⁰⁰ - 21⁰⁰
  Fr-Sa: 9⁰⁰ - 3⁰⁰ So: 10⁰⁰ - 20⁰⁰

Spezialität: Gemüsesäckchen mit Reisblättchen auf Linsengemüse mit Safransauce.

Dunkles Holz, kleine Tische, große Theke. Und trotzdem gibt es hier nicht nur Bier und Longdrinks, sondern auch ausgesprochen Leckeres zum Essen. Ein junger, bemerkenswert ambitionierter Koch sorgt dafür, daß es jeden Tag auch einen vegetarischen Mittagstisch gibt. So findet sich immer wieder Spannendes wie z.B. eine Linsen-Koriander-Lasagne auf der Tageskarte. Diese Leckereien können sie alle auch außer Haus genießen oder Sie verwöhnen sich und Ihre Gäste privat oder beruflich mit dem vorzüglichen Catering Service.

(international) *(DM 8,- bis 14,-)* *(keine)* *(100)* *(100 in der Passage)* *(Innenstadt)* *(Bus Mönckebergstraße)*

Bistro A´Shamra
Dammtorstr. 23
20354 Hamburg/Innenstadt
Tel. 3 58 98 83

🕐 Di-Fr: 11³⁰ - 15⁰⁰ und 18⁰⁰ - 24⁰⁰
  Sa+So: 18⁰⁰ - 24⁰⁰ Mo Ruhetag

Spezialität: Mazza, die traditionelle Vorspeise aus vielen kleinen Leckereien

Vom Stephansplatz kommend, kurz vor der Staatsoper, erwarten den hungrigen Vegetarier exotische Genüsse der besonderen Art. Neben der Mazza (über 100 verschieden Appetithäppchen, die fast alle vegetarisch zubereitet sind) gibt es täglich ein vegetarisches Tagesgericht. So z.B. Mangold mit Pfefferminze und Walnüssen gefüllt an Granatapfelsoße. Klingt das nicht schon unglaublich verführerisch? Und diese Art der Küche gibt´s hier schon ab DM 21,50.

(syrisch) *(ab DM 21,50)* *(alle gängigen)* *(Innenstadt)* *(U-Bahn Stephansplatz)*

Bistro Rathausmarktpassage
U/S-Bahn Jungfernstieg
20095 Hamburg/Innenstadt
Tel. 3 69 00 97

🕐 Mo-Fr: 8⁰⁰ - 19⁰⁰
   Sa: 10⁰⁰ - 15⁰⁰ und Sa: 11⁰⁰ - 15⁰⁰

Spezialität: täglich wechselnde Karte

Mitten im Bauch Hamburgs, direkt unter dem Rathausmarkt (U/S-Bahn Jungfernstieg, Abgang Reesendamm) liegt dieses unterirdische Bistro. Schönes Licht, Parkett, helle Bistromöbel, Bilder und das längste Bücherregal der Stadt sorgen für die freundliche Atmosphäre. Frühstück gibt´s ab 8 Uhr, eine klassische Salatbar (wird nach Gewicht abgerechnet) und täglich wechselnde Gerichte mit wahlweise kleinen und großen Portionen (auch immer für Vegetarier) vervollständigen das Angebot. Wer will, kann hier abends auch feiern - privat natürlich!

(international) *(DM 7,50 bis 13,50)* *(keine)* *(total rauchfrei)* *(55)* *(Innenstadt)* *(U-Bahn Rathausmarkt/Jungfernstieg)*

bok
Schanzenstraße 27
20357 Hamburg/Schanzenviertel
Tel. 4 30 02 20

🕐 täglich: 12⁰⁰ - 24⁰⁰

Spezialität: thailändische Casava

Die Köche in der halboffenen Küche vollbringen jeden Tag Schwerstarbeit: Ohne Unterbrechung wird hier auf kleinstem Raum bei unglaublichen Temperaturen ein Gericht nach dem anderen im Wok oder auf dem Grill zubereitet. Das Angebot an Vegetarischem ist groß und alles ausgesprochen schmackhaft wie z.B. die thailändische Casava aus Kochbananen, Curry, Basilikum und Koreander. Und noch ein guter Tip von uns: Abends sollten Sie unbedingt reservieren, da das Restaurant immer gestopft voll ist!

(japanisch, koreanisch, thailändisch) *(DM 14,- bis 20,-)* *(keine)* *(90)* *(Schanzenviertel)* *(U/S-Bahn Sternschanze)*

ROSENKOHLJULIENNE-SALAT MIT ZIEGENKÄSE CROUTONS

Rezept siehe Seite 141

Bombay Inn
Lappenbergsallee 4
20257 Hamburg/Eimsbüttel
Tel. 4 01 45 05

🕐 Mo-Fr: 11³⁰ - 15⁰⁰ und 17⁰⁰ - 24⁰⁰
Sa: 15³⁰ - 24⁰⁰ So: 12⁰⁰ - 23⁰⁰

Spezialität: Vorspeisen

In diesem gemütlichen Stadtteil-Resaurant geht's ohne Schnick-Schnack zu. Es gibt verschiedene warme und kalte Vorspeisen und eine gute Auswahl an vegetarischen Hauptgerichten, die sich bei entsprechendem Wetter wunderbar im Sommergarten genießen lassen. Täglich wird ein wechselnder Mittagstisch geboten, der auch immer ein vegetarisches Angebot umfaßt. Der Mittagstisch wird ab einem Bestellwert von DM 15,- auch in die Umgebung geliefert. Und für alle, die auch daheim nicht auf die indischen Köstlichkeiten verzichten wollen, sei der Party- u. Buffetservice erwähnt.

(indisch) (DM 11,80 bis 15,-) *(keine)* (35) (35) *(Eimsbüttel)* *(U-Bahn Osterstr.)*

Café Blattgrün
Carl-Petersen-Str. 99
20535 Hamburg/Hamm
Tel. 21 73 67

🕐 Di-Sa: 10⁰⁰ - 18⁰⁰
So+Mo: geschlossen

Spezialität: großer, frisch zubereiteter Rohkostteller

Das vegetarische Angebot in Hamm hält sich in ganz schicklichen Grenzen. Insofern ist das gerade wieder neu eröffnete Café Blattgrün eine echte Oase. Denn hier ist das Angebot nicht nur rein vegetarisch, sondern auch vollwertig. Zum Angebot gehören der täglich wechselnde Mittagstisch, Vollwertkuchen und -torten, frisch gepreßte Gemüsesäfte, Milchshakes und Frühstück nach Wahl. Verarbeitet werden dabei überwiegend Produkte aus kontrolliert biologischem Anbau. Und im angeschlossenen Reformhaus können Sie auch gleich für zu Hause einkaufen.

(vollwertig-vegetarisch überwiegend aus kbA Produkten) (DM 7,90 bis 16,50) *(keine)* *(total rauchfrei)* (25) (15) *(Hamm)* *(U-Bahn Hammer Kirche)*

Café Klett
Grindelallee 146
20146 Hamburg/Univiertel
Tel. 44 22 99

täglich: 10⁰⁰ - 2⁰⁰

Spezialität: Pfannkuchen, Basmatireisteller

Immerhin 15 verschiedene vegetarische Gerichte werden in diesem gemütlichen Kneipen-Bistro (oder Bistro-Kneipe?) ständig angeboten ... zuzüglich der Leckereien, die sich sonst noch in der Karte verstecken. So gibt es beinahe süchtig machende Pfannkuchen wie z.B. mit Gorgonzola-Walnuß-Füllung. Außerdem gibt es bis 16 Uhr Frühstück (lobenswert!), mindestens einen vegetarischen Mittagstisch und die Küche hat durchgehend bis nachts 1 Uhr geöffnet. Viel mehr braucht Mensch nicht.

(international) (DM 10,90 bis 13,50) *(keine)* (60) *(Univiertel)* (Bus 102 Grindelhof)

Café Koppel
Koppel 66/Lange Reihe 75
20099 Hamburg/St.Georg
Tel. 24 92 35

täglich: 10⁰⁰ - 22⁰⁰

Spezialität: selbstgebackene Vollkornkuchen

Drei Besonderheiten zeichnen diesen Veteranen unter Hamburgs vegetarischen Läden aus: 1. der idyllische Garten im Innenhof, der einfach zum Sitzenbleiben verführt. 2. das exzellente Frühstück, das es den ganzen Tag gibt! Und 3. das arrogante Personal. (Leider! Seufz!) Mag sein, daß wir einen schlechten Tag erwischt haben, aber die Bedienung war genauso schlecht, wie der Kuchen lecker war. Da wir solche Erfahrungen aber nicht verallgemeinern wollen, bleiben wir bei unserer Einschätzung, daß dieses Café absolut empfehlenswert ist.

(internationale Bistroküche) (DM 8,- bis 13,-) *(keine)* (70) (30) *(St.Georg)* (Hauptbahnhof, Bus 37 AK St. Georg, 108 Gurlittstr., U-Bahn Lobmüblenstr.)

Vegetarisch – mal ganz anders!
Vegetarische Tiefkühlkost der Extraklasse

Stellen Sie sich vor, Sie essen vegetarisch und man merkt es nicht!

- veg. Schnittwurst
- veg. Hack
- veg. Schnitzel
- veg. Cordon-Bleu
- veg. Grillburger
- veg. Curryschnitzel

- veg. Gärtnerin
- veg. Frikadelle
- veg. Pizzaschnitzel
- veg. Maisburger
- veg. Chicken-Style
- veg. Beef-Style

Ab 3 kg Bestellmenge direkt ins Haus geliefert!

Für Gastronomie und Wiederverkäufer besondere Konditionen Informationen, Preisliste und Probierpaket gibt es bei:

Gerda Pallaschke   Tel: 04542 / 84 39 10
Am Kanal 1   Handy: 0171 / 920 31 36
23896 Hammer   Fax: 04542 / 84 39 96

Cafe Schwanenwik/Literaturhaus
Schwanenwik 38
22087 Hamburg/Uhlenhorst
Tel. 2 20 13 09

täglich: 10⁰⁰ - 22⁰⁰

Spezialität: Gemüsegratins

Manche Leute gehen nur zum Frühstücken ins Literaturhaus, weil sie den traumhaft hohen, bemalten Saal aus der Gründerzeit, in dem das Café untergebracht ist, so unwiderstehlich finden. Aber nicht nur das Ambiente, auch die Küche kann sich sehen lassen. So gibt es sowohl mittags (12-15.30 Uhr) als auch abends (ab 18 Uhr) mindestens 2 bis 3 vegetarische Gerichte auf der häufig wechselnden Karte. Das Publikum rekrutiert sich zum Großteil aus denen, die sich zur „Literaturszene" gehörig fühlen. Egal, der Kuchen schmeckt unabhängig vom Tischnachbarn lecker.

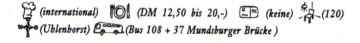

(international)   (DM 12,50 bis 20,-)   (keine)   (120)
(Uhlenhorst)   (Bus 108 + 37 Mundsburger Brücke)

Café Sorgenfrei
Wexstr. 38
20355 Hamburg/Großneumarkt
Tel. 34 50 30

Mo-Fr: 7⁰⁰ - 16⁰⁰
Sa: 8³⁰ - 13⁰⁰

Spezialität: Gemüsebratling

Im Café Sorgenfrei dominieren sicher die belegten Brötchen, Brote und Sandwiches in vielen Variationen. Zusätzlich gibt es eine täglich wechselnde Tageskarte, die immer auch mindestens ein Vegi-Hauptgericht und verschiedene Vegi-Snacks bietet. Abgerundet wird das Angebot durch Quark, Crêpes, Gries, Milchreis etc. und den selbstgebackenen Kuchen. Und ob Sie nun nur auf die Schnelle eine Kleinigkeit im Stehen oder mit mehr Zeit gemütlich im Sitzen bestellen, hier wird man bestens bedient. Ab 7 Uhr gibt´s Frühstück, ab 11.30 Uhr Mittagstisch und alle Gerichte gibt´s auch außer Haus.

(deutsch) (DM 5,90 bis 9,90) (keine) (29) (Großneumarkt) (S-Bahn Stadthausbrücke)

Chez Alfred
Große Brunnenstr. 61 a
22763 Hamburg/Ottensen
Tel. 3 90 85 69

Mo-Fr: 12⁰⁰ - 15⁰⁰ und 18⁰⁰ - 24⁰⁰
Sa+So: 18⁰⁰ - 24⁰⁰

Spezialität: Crespelle mit Ricottafüllung

Das Ambiente besticht durch seinen umgemodelten Fabrikcharme, der sich in einem romantischen Hinterhof entfaltet. Edel, ohne manieriert zu sein - im Chez Alfred ist die Mischung gelungen. Die Karte ist klein, aber - der Vegetarier wundert sich - ein vegetarisches Menü, dessen Bestandteile auch einzeln bestellt werden können, gehört zum ständigen Angebot der häufig wechselnden Karte. Insofern ist dieses Restaurant ein echter Tip für „feinschmeckende" Vegi-Liebhaber.

(französisch) (DM 25,- bis 32,-) (EC, AE, Visa) (4 Tische Nichtraucherzone) (13 Parkplätze im Hof) (50) (50 auf der Terrasse) (Ottensen) (Bus 115 Bahnhof Altona)

Crêperie
Mühlenkamp 18/Ecke Gertigstr.
22303 Hamburg/Winterhude
Tel. 27 34 39

🕐 täglich: 11⁰⁰ - 23⁰⁰

Spezialität: Crêpe mit scharfer Chilisoße

An der Reeperbahn groß geworden, ist die Crêperie vor einiger Zeit nach Winterhude umgezogen (nicht ohne einen Ableger im Starclub an der Großen Freiheit zu hinterlassen). Ungefähr 2/3 der angebotenen Crêpes werden fleisch- und fischlos zubereitet. So gibt es neben den unzähligen süßen Varianten auch traumhafte Gemüse und Schafkäse Variationen wie den Crêpe Agricole mit Tomaten, Champignons, Gurken, Zwiebeln und Schafkäse. Seit neuestem gibt es aber auch Croques, Pasta, Salate und einen echten Mittagstisch.

👨‍🍳 *(süße und salzige Crepes)* 🍽 *(DM 3,50 bis 13,50)* 💳 *(keine)* 🪑 *(26)* 🏠 *(12 an der Straße)* ✳ *(Winterhude)* 🚌 *(Bus 108 + 106 Mühlenkamp)*

Der Saftladen
Poststraße 18 / Gerhof
20354 Hamburg/Innenstadt
Tel. 3 48 02 08

🕐 Mo-Fr: 10⁰⁰ - 18⁰⁰
    Sa: 11⁰⁰ - 14⁰⁰

Spezialität: Rohkostteller

Schon seit 20 Jahren preßt Frau Danner täglich ihre Säfte in der Poststraße. Für alle Lebenslagen und Bedürfnisse hat sie die richtige gesunde Mischung parat, die Sie entweder gleich bei einem kleinen Schwätzchen trinken oder aber auch mitnehmen können. Damit ihre Kunden nicht nur gesund trinken, sondern auch gesund essen, bietet sie seit einiger Zeit auch Rohkost, Suppen, Pellkartoffeln mit Kräuterquark, Müsli u. a. vegetarische Kleinigkeiten zum Mitnehmen an. Und für alle, die sich etwas richtig Gutes gönnen wollen, bietet sie einen kompletten Fasten-Safttag an. Probieren Sie´s mal aus, der Effekt ist wundervoll!

👨‍🍳 *(saftig)* 🍽 *(DM 3,30 bis 7,-)* 💳 *(keine)* ✳ *(Innenstadt)* 🚌 *(U-Bahn Gänsemarkt)*

Dialog
Tangstedter Landstr. 38
22081 Hamburg/Langenhorn
Tel. 3 90 85 69

🕐 täglich: 11⁰⁰-24⁰⁰

Spezialität: Persischer Auflauf

In diesem rustikalen Kneipen-Restaurant gibt es neben den vier vegetarischen Pizzen noch 17 weitere Vegi-Gerichte, zu denen auch der leckere persische Auflauf gehört. Wer zum Essen ein bißchen Bewegung braucht, kann sich auf der hauseigenen Kegelbahn gleich austoben. Und wer zu faul zum Laufen ist, der kann sich alles was die Karte hergibt, in Langenhorn, Fuhlsbüttel und Hummelsbüttel auch ins Haus liefern lassen (Lieferzeiten Mo-Fr 11.30-14.30 + 18-22, Sa-So 11.30-14.30 +17-22).

(international) (DM 6,90 bis 19,90) (keine) (60) (20 zur Straße) (Langenhorn) (U-Bahn Langenhorner Markt)

Die Wunderbohne
Kleiner Schäferkamp 44
20357 Hamburg/Eimsbüttel
Tel. 4 10 73 58

🕐 Mo-Fr: 11⁰⁰- 20⁰⁰

Spezialität: selbstgemachter Kartoffelsalat

Der Name „Wunderbohne" ist eine Verbeugung vor der Sojabohne und den aus ihr gewonnenen Produkten. So ist es nicht ver`wunder´lich, daß in diesem kleinen Bio-Imbiß viel Tofu in allen Variationen (pur, als Aufstrich oder Würstchen etc.) verarbeitet wird. Natürlich werden auch verschiedene Salate und Gemüse der Saison angeboten. Und selbstverständlich kommen alle Sprossen, Kräuter und andere Zutaten aus kontrolliert biologischem Anbau.

(vollvegetarischer Bio-Imbiß) (DM 9,50) (keine) (absolut rauchfrei) (Eimsbüttel) (U-Bahn Schlump, S-Bahn Sternschanze, Bus 115 Beim Schlump)

Dilo Stehcafé
Grindelallee 34 a
20146 Hamburg/Univiertel
Tel. 4 10 66 49

Mo-Fr: 6³⁰ - 18³⁰
Sa: 6³⁰ - 14⁰⁰

Spezialität: gefüllte Teigtaschen

In dieser ehemaligen Bäckerei mit Stehcafé werden jetzt wunderbare orientalische Köstlichkeiten angeboten. Fast alles dreht sich um verschieden gefüllte Teigtaschen. So z.B. mit Schafkäse und / oder Gemüsefüllungen. Außerdem gibt es knusprige Schafkäseröllchen, Spinatschnecken, und für alle die zuckersüchtig sind, gibt es das herrlich klebrig-zuckerige türkische Gebäck zum Kaffee. Klasse für zwischendurch!

(türkisch) (DM 2,10 bis 5,-) (keine) (30) (Univiertel) (Bus 102 Grindelhof)

DWARAKA
Rentzelstr. 38
20146 Hamburg/Univiertel
Tel. 45 32 37

täglich: 12⁰⁰ - 24⁰⁰

Spezialität: Linsencurry

Ein Besuch bei diesem Inder lohnt sich. Das Restaurant ist hell und freundlich eingerichtet und die Speisekarte ausgesprochen spannend. So finden sich neben diversen Vorspeisen auch 7 vegetarische Hauptgerichte auf der Karte, wie z.B. die vegetarische Reistafel (Menne). Und wenn Sie das Ambiente (rosa und hellblau) lieber gegen den eigenen Eßtisch tauschen möchten, nehmen Sie die Gerichte einfach mit nach Haus. Kein Problem! Und wenn Mundsburg für Sie näher liegt, gehen Sie einfach ins zweite Dwaraka am Lerchenfeld 14 im Hammoniabad. Da schmeckt´s genauso gut.

(indisch) (DM 15,- bis 18,-) (alle gängigen) (5 Parkplätze im Hof) (65) (Univiertel) (Bus 102 Grindelhof)

HERZHAFTE MUFFINS

Rezept siehe Seite 143

el barco
Serrahnstraße 6
21029 Hamburg/Bergedorf
Tel. 7 21 40 42

Mo-Sa: 12⁰⁰ - open end
So: 10⁰⁰ - open end

Spezialität: Sizzlers d´el barco

Stilgerecht auf einer alten spanischen Kogge untergebracht, die auf der Bille fest am Kai liegt, werden hier im wilden Osten Hamburgs feinste mexikanische Gerichte auf den Teller gebracht. Besonders beliebt sind die vegetarischen Sizzlers, die in der zischend heißen Gußpfanne mit einem Teller „Crema Fresca", Guacamole, Käse und Salsa Roja serviert werden. Oder wie wär´s mal mit einer „Pizza con Patata"? Ungewöhnlich aber lecker! Und sonntags gibt´s bereits ab 10 Uhr Brunch.

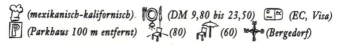

(mexikanisch-kalifornisch) (DM 9,80 bis 23,50) (EC, Visa) (Parkhaus 100 m entfernt) (80) (60) (Bergedorf)

Emek
Rothenbaumchaussee 63
20148 Hamburg/Rotherbaum
Tel. 4 10 22 17

täglich: 11³⁰-24⁰⁰

Spezialität: Meze (Vorpeisenteller, auch als Hauptgericht möglich)

Hos Geldiniz (Herzlich Willkommen) steht selbst noch auf der Tageskarte - und hier ist es so gemeint! Das Emek ist ein nettes türkisches Restaurant mit freundlichem Personal, ausgezeichnetem Preis- Leistungsverhältnis und leckerem Essen!
Bei den Vorspeisen gibt es die typischen Joghurt- und Gemüsegerichte, viele Salate und auch Gebackenes. Zusätzlich gibt es eine vegetarische Rubrik auf der Speisekarte, die u.a. ein Gemüsegericht enthält, das den schönen Namen „Den Imam hat´s umgehauen" trägt. Und im Sommer verlockt die kleine Efeulaube zum Draußensitzen.

(türkisch) (DM 13,- bis 20,-) (80) (40 auf der Terrasse) (Rotehrbaum) (U-Bahn Hallerstraße)

La Fattoria
Isestr. 16
20144 Hamburg/Hoheluft
Tel. 4 20 02 55

Di-Fr: 10⁰⁰ - 18³⁰
Sa: 8⁰⁰ - 14⁰⁰

Spezialität: unglaublich leckere Antipasti

Das kleine, feine Tages-Restaurant bietet etwas für alle Sinne: Musik, ausgefallenes Ambiente (alle Antiquitäten, die Sie hier sehen, können Sie auch erwerben!), exzellente Küche und hervorragende Weine. Berühmt ist „die Fattoria" für ihr einmaliges, täglich wechselndes Antipastibuffet, von dem mindestens 1/3 vegetarisch ist. Auch bei den Hauptgerichten ist immer etwas ohne Fisch und Fleisch dabei, wie z.B. Linguine mit frischen Trüffeln. Dank der herausragenden Qualität ist eine Tischreservierung absolut empfehlenswert. Oder Sie feiern hier als geschlossene Gesellschaft (ab 25 Personen). Dann wird auch rein vegetarisch für Sie gekocht - auch abends und am Wochenende.

(international-italienisch) *(DM 19,50 bis 39,-)* *(AE, Eurocard)* *(25)* *(Hoheluft)* *(U3-Hoheluft)*

La Fattoria
Isestraße 16 • 20144 Hamburg • Telefon: 040/420 02 55
Tagesrestaurant • Location • Partyservice • Antiquitäten

Feuervogel
Wandsbeker Chaussee 303
22089 Hamburg/Wandsbek
Tel. 20 11 29

So-Do: 11³⁰ - 24⁰⁰
Fr+Sa: 11³⁰ - 2⁰⁰

Spezialität: Gemüse-Lasagne

Völlig unangestrengt bietet diese (auch familientaugliche) Mischung aus Kneipe und Restaurant eine überraschend große Auswahl. Denn neben den 11 erklärt vegetarischen Gerichten (von Pellkartoffeln bis zum persischen Auflauf) gibt es ohne Ende Alternativen bei den Vorspeisen, Salaten, gebackenen Kartoffeln, den Nudeln (Gemüse-Lasagne!), Omlettes und Pizzen. In diesem Stadtteil ein wahres El Dorado für Vegis! Und das Preis-/Leistungsverhältnis stimmt auf jeden Fall.

(italienisch-international) (DM 5,90 bis 16,90) *(keine)* (60) (30 im Biergarten) *(Wandsbek)* (U-Bahn Wandsbeker Chaussee)

Fidibus
Bahnhofsstr. 11
21465 Reinbek
Tel. 7 22 99 98

täglich: 12⁰⁰ - 24⁰⁰

Spezialität: vegetarische Potatoe

An Vegetarischem hat dieses urwüchsige Kneipen-Bistro allerhand zu bieten. Allein bei den überbackenen Kartoffeln gibt es jede Menge fleischfreier Varianten. Besonders zu empfehlen ist die Kartoffel mit Auberginen, Champignons, Zucchini, Zwiebeln, Tomaten und Paprika. Oder wie wäre es mit einem Maccaroni-Spinat-Auflauf mit Schafkäse? Die Atmosphäre in dem alten Fachwerkhaus ist urgemütlich und der Biergarten mit den riesigen Bäumen lädt bei schönem Wetter zum Sitzenbleiben ein.

(international) (ca. DM 5,- bis 17,-) (80) (80 im Biergarten) *(Reinbek)* (S-Bahn Reinbek)

Filmhauskneipe
Friedensallee 7
22765 Hamburg/Ottensen
Tel. 39 34 67

🕐 täglich: 12⁰⁰ - 24⁰⁰

Spezialität: Spaghetti Gorgonzola

Die Filmhauskneipe wehrt sich schon lange erfolgreich dagegen, von den Schönen und Schicken der Stadt vereinnahmt zu werden. Die Attraktivität geht von der Kneipenbestuhlung, dem völlig gemischten Publikum und dem anständigen Essen zu zivilen Preisen aus. So bietet die Küche durchgehend zwischen 12-24 Uhr jede Menge vegetarischer Gerichte und auch einen täglich wechselnden vegetarischen Mittagstisch.

👨‍🍳 *(internationale Bistro Küche)* 🍽 *(DM 12,50 bis 14,50)* 💳 *(keine)* 🪑 *(40)* ⛱ *(30)* ✳ *(Ottensen)* 🚌 *(Altonaer Bahnhof)*

Fit For Fun Restaurant
Milchstraße 1
20148 Hamburg/Pöseldorf
Tel. 41 32 01 11

🕐 Mo-Do: 11³⁰ - 15³⁰ und 17³⁰ - 22⁰⁰
    Fr: 11³⁰ - 15³⁰ und 17³⁰ - 23⁰⁰   Sa: 17³⁰ - 23⁰⁰

Spezialität: Salate

In der Milchstraße gibt´s Salate (immerhin sind von 12 angebotenen Salaten 7 ohne Fisch und Fleisch), Sandwiches, Gemüse aus dem Wok und Sushi auch ohne Fisch. Die Desserts und frischen Säfte runden das Menü ab. Und am Sonntag gibt´s einen leckeren Brunch, der auch für Vegis geeignet ist. Der angeschlossene Laden bietet eine gute Einkaufsmöglichkeit für Obst, Gemüse, Kaffee und Gewürze. Außerdem bietet das Fit for Fun auch noch einen Lieferservice für Sushi, Salate etc. (Angebot einfach abfragen!) Leider wird aber nur in Harvestehude und Winterhude geliefert.

👨‍🍳 *(international)* 🍽 *(DM 14,80 bis 16,80)* 🪑 *(130)* ⛱ *(150)* 💳 *(alle gängigen)* ✳ *(Pöseldorf)* 🚌 *(U-Bahn Hallerstraße, Bus 115 Alsterchaussee, 109 Böttgerstraße)*

Frauencafé endlich
Dragonerstall 11
20355 Hamburg/Innenstadt
Tel. 35 16 16

Mo-Sa: 16⁰⁰ - 24⁰⁰
So: 9⁰⁰ - 24⁰⁰

Spezialität: Möhrencremesuppe mit Curry und Kresse

Im Frauencafé endlich ist Frau unter sich. Und ganz ehrlich, das kann ganz schön erholsam sein. Die Küche ist leicht und abwechslungsreich und immer wieder gibt es besondere Themenkarten (alles rund um die Kartoffel, italienischer Monat, Grüne Karte etc.), die auch stets Vegetarisches anbieten. Der Sonntag bietet zweierlei Extras. Zum einen ist es der einzige Tag, an dem hier auch gefrühstückt werden kann. Und zum anderen findet dieses Frühstück in absolut nikotinfreier Luft statt.

(international) *(DM 8,- bis 15,50)* *(50)* *(20)*
(Innenstadt) *(U-Bahn Gänsemarkt)*

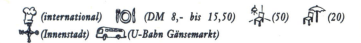

Geldanlagen und Projektfinanzierungen

„Ich bin biologisch-dynamisch."

„Ich auch!"

Mit einer „grünen" Geldanlage investieren Sie in Projekte, die die Gesundheit fördern und unsere Umwelt schonen. Z.B. in die ökologische Landwirtschaft.

Wir beraten Sie über Ihre Möglichkeiten.

TRION
GELDBERATUNGSGENOSSENSCHAFT
Verantwortlich investieren.

Gerberstr. 9, 22767 Hamburg, Telefon 040 - 38 70 60, Fax 040 - 38 25 83

fresh & green
Herrengraben 27
22763 Hamburg/Neustadt
Tel. 37 27 10

Mo-Do: 7⁰⁰ - 16⁰⁰
Fr: 7⁰⁰ - 15⁰⁰

Spezialität: alles rund um´s Brötchen

Zwischen dem Hinterausgang von Gruner & Jahr und der Ost-Weststraße liegt der Herrengraben. Hier liegt versteckt das Selbstbedienungsrestaurant fresh & green mit seinem wunderbaren Frühstücks- und Mittagsangebot: belegte Brötchen (allein 6 verschiedene Käsesorten!), Salate, Nudeln, gebackene Kartoffeln, frisch gepreßte Säfte, Kuchen und Desserts. (Eine weitere Filiale mit dem gleichen Angebot gibt es übrigens am Sachsenfeld 2)

(belegte Brötchen)   (DM 1,90 bis 8,90)   (keine)
(Neustadt)   (U-Bahn Baumwall)

Geo
Beim Schlump 27
20144 Hamburg/Eimsbüttel
Tel. 45 79 29

Mo-Fr: 9⁰⁰ - open end
Sa: 11⁰⁰ - open end   So: 10³⁰ - open end

Spezialität: scharfe indische Reispfanne

Generationen von Studenten haben sich mit Hilfe der Geo-Küche am Leben erhalten. Lecker und preiswert ist hier die Devise. Immerhin 16 vegetarische warme Gerichte von der Pellkartoffel mit Quark über die scharfe indische Reispfanne, den persischen Auflauf mit Nüssen und Rosinen bis zur überbackenen Gemüsepfanne stehen auf der Karte. Dazu 9 vegetarische Pizzen, verschiedene Salate und Nudelgerichte ohne Fleisch. Außerdem gibt´s noch vegetarische Tacos und Burritos und verschiedene Salate. Hier findet wirklich jeder etwas, das ihm schmeckt. Und das meiste wird auch ins Haus geliefert. (Mo-Fr 11.30-15.00 + 17.30-22.30, Sa 17.30-22.30, So 16-22)

(international)   (DM 8,70 bis 22,50)   (keine)
(Eimsbüttel)   (U-Bahn Schlump)

Gesund essen
Bundesstraße 6
20146 Hamburg/Univiertel
Tel. 45 13 24

tägl.: 12⁰⁰ - 15⁰⁰ und 18⁰⁰ - 23⁰⁰
Di: Ruhetag

Spezialität: Nußbraten mit Apfelrotkohl

Wie der Name schon verrät, spielt hier das gesunde Essen die größte Rolle. So kommen ca. 80 % aller angebotenen Lebensmittel und Getränke aus dem Bioanbau. Das selbstgebackene Brot ist genauso lecker wie das Brunchbuffet am Sonntag, der täglich wechselnde Mittagstisch und die speziell gekennzeichneten Gerichte, die vegan zubereitet werden. Achtung! Weil alles frisch gemacht wird, nimmt die Küche nur bis 22 Uhr Bestellungen entgegen. Und für alle Interessierte sei vermerkt, daß hier jeden 1. Mittwoch im Monat ab 19 Uhr der „Vegetarische Stammtisch" tagt.

(international) *(DM 9,90 bis 23,-)* *(keine)* *(total rauchfrei)* *(53)* *(Uni-Viertel)* *(Bus 102 Staatsbibliothek)*

Gobinda
Lange Reihe 7
20099 Hamburg/St.Georg
Tel. 28 05 16 32

täglich: 10⁰⁰ - 22⁰⁰

Spezialität: verschiedene Currys

Das Gobinda gehört sicher zu den bekannteren vegetarischen Restaurants und Snack-Bars in Hamburg. Die Gerichte sind köstlich und befriedigen durchgehend den kleinen und auch großen Hunger. Es gibt leckere Reisteller, Gemüsegerichte, Curry- und Tofugerichte sowie eine knackfrische Salatauswahl. Und daß mindestens 80% der verarbeiteten Zutaten aus dem Bioanbau kommen, ist ein zusätzlicher Grund, mal wieder in St. Georg vorbeizuschauen.

(indisch) *(DM 9,50 bis 18,50)* *(keine)* *(50)* *(St.Georg)* *(Hauptbahnhof, Bus 37 AK St. Georg, 108 Gurlittstr., U-Bahn Lohmühlenstr.)*

KRÄUTERWAFFELN MIT AVOCADOCREME

Rezept siehe Seite 142

Golden eye Bistro
Warnstedtstr. 8
22525 Hamburg/Stellingen
Tel. 54 42 42

🕐 Mo-Fr: 11³⁰ - 14⁰⁰

Spezialität: gut gewürzter Bratling aus Quark u. Getreide

Auf einer Fläche von ca. 170 qm, die vom polnischen Künstler Voitek Fraczik im Stil eines modernen tibetanischen Festsaales gestaltet wurde, können Sie in der Woche jeden Mittag wunderbar günstig vegetarisch essen. Es werden täglich zwei vegetarische Menüs (jeweils nur DM 5,-!) sowie diverse Obst- und Gemüsesäfte angeboten. An zwei Tagen gibt es alternativ auch Bioland-Fleisch oder Fisch. Noch gilt dieses Bistro auch als Geheimtip für Firmen- und Familienfeste. Es gibt eine kleine Bühne, einen Rundumservice mit Personal etc. und auf Wunsch ein tolles vegetarisches Buffet.

(gut bürgerlich-international) (Menü DM 5,-) (keine) (ca. 100) (Stellingen) (Bus 182, 183 Langenfelder Damm / Kieler Str.)

Goldene Oase
Eppendorfer Baum 34
20249 Hamburg/Eppendorf
Tel. 48 38 01

🕐 Mo-Fr: 12⁰⁰ - 22⁰⁰

Spezialität: selbstgebackene Vollkornkuchen

Die Goldene Oase gehört zum Standardrepertoire eines jeden „eingefleischten" Vegetariers in Hamburg, besonders, wenn er auch noch eine absolut rauchlose Luft zu schätzen weiß. Es gibt keinen Alkohol, gesüßt wird nur mit Honig und viele Gerichte sind nicht nur vegetarisch, sondern auch vollwertig. Im dazugehörigen Ladengeschäft - das schon ab 10 Uhr geöffnet hat - gibt es eine große Auswahl an Vollkornprodukten, Honiggebäck und selbstgemachten Torten zum Mitnehmen.

(international) (DM 13,50 bis 20,50) (keine) (total rauchfrei) (30) (25) (Eppendorf) (U-Bahn Eppendorfer Baum)

GOVINDAs
Barner Str. 67
22765 Hamburg/Ottensen
Tel. 39 76 02

🕐 Di-Fr: 12⁰⁰ - 16⁰⁰
 Mo-So: geschlossen

Spezialität: Crespelle mit Ricottafüllung

Wer eine - im wahrsten Sinne des Wortes - familiäre Atmosphäre zu schätzen weiß, wird sich hier sofort wohl fühlen: Hier wird gegessen, was auf den Tisch kommt. Für nur DM 10,- wird täglich ein Menüteller mit drei verschiedenen Zubereitungen angeboten.
Dabei gilt das Motto: Wer Hunger hat, kriegt auch Nachschlag. Es wird nicht nur vegetarisch, sondern auch ohne Ei gekocht und der Frischkäse ist selbstgemacht. Daneben werden auch noch verschiedene Artikel verkauft wie Tee, Gewürze, Kochbücher, Kosmetik oder CDs mit indischer Musik. Einfach mal ausprobieren!

(ayurvedisch) *(DM 10,-)* *(keine)* *(absolut rauchfrei)* *(4 Tische)* *(Ottensen)* *(Bus 188,37,150 Friedensallee)*

Haerlin / Vier Jahreszeiten
Neuer Jungfernstieg 9-14
20354 Hamburg/Innenstadt
Tel. 34 94-0

🕐 So+Mo: Ruhetag
 Di-Fr: 12⁰⁰ - 14³⁰ und 18³⁰ - 22⁰⁰   Sa: 18³⁰ - 22⁰⁰

Spezialität: wöchentlich wechselnde Karte

Herr Hoffmann, der Küchenchef des renommierten Restaurant Haerlin, hat seinen eigenen Kopf. Gott sei Dank, denn wo die meisten seiner Kollegen in der Edel-Gastronomie beim zweiten Tagesmenü nicht ohne Fisch auskommen können, beschert uns Hoffmanns Eigensinn jeden Abend ein fantastisches vegetarisches 5-6 Gänge Menü (ca. DM 120,-). Und der Erfolg gibt ihm recht!
Im Herbst '98 wird im Hotel Vier Jahreszeiten außerdem das „Doc Cheng's" mit einer feinen euro-asiatischen Küche eröffnet. Wir dürfen gespannt sein!

(international) *(5-6 Gänge Menü ca. DM 120,-)* *(alle gängigen)* *(Innenstadt)* *(60)* *(U/S-Bahn Jungfernstieg)* *(eigene Tiefgarage, das Auto wird geparkt)*

Harran
Eppendorfer Weg 9
20259 Hamburg/Eimsbüttel
Tel. 4 39 39 53

🕐 Di-So: 18⁰⁰ - 1⁰⁰
Mo: Ruhetag

Spezialität: Getreideauflauf

Das Harran unterscheidet sich deutlich von vielen türkischen Restaurants in der Stadt. Zum einen bietet die hier gekochte anatolische Küche eine Vielzahl von vegetarischen Leckereien, darunter besonders viele Gerichte aus dem Tontopf.

Zum anderen ist das Harran auch optisch eine Augenweide. Der in 5 m Höhe mit Glas überdachte Innenhof gehört genauso dazu wie die zweite Ebene. Denn hier oben essen Sie in einem Raum aus einer anderen Zeit (Jahrgang 1900), der heute unter Denkmalschutz steht.

(anatolisch) *(DM 16,- bis 25,-)* *(EC, Visa)* *(110)* *(15)* *(Eimsbüttel)* *(U-Bahn Christuskirche, Bus 113 Fruchtallee)*

Himalaya
Grindelhof 87
20146 Hamburg/Rotherbaum
Tel. 41 86 61

🕐 täglich: 12⁰⁰ - 24⁰⁰

Spezialität: Spinat mit indischem Käse in Curry-Rahmsoße

Hier kocht der Chef noch selbst und das merkt man. Ganz spannend ist das täglich wechselnde Mittagsbuffet (12-14.30 Uhr). Denn hier kann man sich gezielt die vegetarischen Leckerbissen heraussuchen, auch an allen Sonn- und Feiertagen! Auch sonst bietet die Speisekarte reichlich Auswahl: Vom klassischen Curry mit Kartoffeln und Blumenkohl über gebratenen indischen Frischkäse mit Erbsen bis zum Basmatireis mit verschiedenen Gemüsen, Cashewkernen, Mandeln, Safran und Rosenwasser.

(indisch) *(DM 14,- bis 17,-)* *(alle gängigen)* *(Parkplätze im Hof)* *(100)* *(80 auf der Terrasse)* *(Rotherbaum)* *(U-Bahn Hallerstraße)*

Hindukusch
Grindelhof 15
20146 Hamburg/Univiertel
Tel. 41 81 64

🕐 täglich: 12⁰⁰ - 24⁰⁰

Spezialität: afghanische Ravioli

Vom einfachen Gemüseeintopf mit Fladenbrot bis zu den afghanischen Ravioli, die mit Gemüse gefüllt und mit Tomaten- und Quarksauce serviert werden, gibt es etliches an vegetarischen Gerichten auf der Karte dieses kleinen Restaurants zu entdecken. Und egal, wofür Sie sich entscheiden, es ist immer köstlich! Dabei sitzen Sie bei schönem Wetter in dem kleinen Garten im Hinterhof wie auf einem anderen Stern. Sehr empfehlenswert!

👨‍🍳 (afghanisch) 🍽 (DM 8,- bis 14,-) 💳 (keine) 🪑 (30) ⛱ (30 im Garten) ✢ (Univiertel) 🚌 (Bus 102 Grindelhof)

Hotel IBIS
Holzdamm 4-12
20099 Hamburg/Innenstadt
Tel. 2 48 29-0

🕐 Mo-Fr: 12⁰⁰ - 14⁰⁰ und 18⁰⁰ - 22³⁰
    Sa-So: 17⁰⁰ - 22³⁰

Spezialität: Lunchbuffet

Zwischen dem Hauptbahnhof, der Kunsthalle und dem rechten Alsterufer liegt das Hotel Ibis. Dieser Ableger der französische Hotelkette verfügt über ein Restaurant mit vegetarischen à la carte Gerichten. Die Küche ist regional norddeutsch geprägt, es gibt aber auch Anleihen internationaler Art. Mittags ist das Restaurant zum Lunchbuffet geöffnet, an dem auch der Vegetarier regelmäßig fündig wird. Anschließend nur über die Straße, und das Alsterufer lädt zum Verdauungsspaziergang ein.

👨‍🍳 (regional + international) 🍽 (DM 12,50 bis 23,50) 💳 (alle gängigen) 🚭 (NR-Zone) 🪑 (98) ✢ (Innenstadt) 🚌 (Hauptbahnhof) 🅿 (ja)

Hotel Park Hyatt Hamburg
Bugenhagen Str. 8-10
20095 Hamburg/Innenstadt
Tel. 33 32 12 34

täglich: 12⁰⁰ - 15⁰⁰ und 17³⁰ - 23⁰⁰

Spezialität: Pasta mit Knoblauch, Tomate und Basilikum

Die in schwarzem Granit gehaltene Küche ist offen und erlaubt dem Gast, den Köchen ständig auf die Finger zu schauen. Jedes Gericht wird frisch zubereitet und verarbeitet wird hauptsächlich das saisonale Angebot von verschiedenen Biohöfen. Das selbstgebackene Brot aus dem Holzofen ist einfach nur lecker und der gern auch vom Gast zu besuchende begehbare Weinschrank beeindruckend. Die Speisekarte ist nach dem Baukastenprinzip aufgebaut, d.h. daß es alle verfügbaren Zutaten in jeder gewünschten Form zubereitet gibt. So bekommt der Gast wirklich das Gefühl, hier König zu sein.

(international) (ca. DM 20,-) (Diners, AE, Euro-, Master-, Visacard) (86) (40 auf Terrasse) (Innenstadt) (U3-Mönckebergstraße) (ja)

Japan Sushi
Erikastr. 81 a
20251 Hamburg/Eppendorf
Tel. 46 37 55

täglich: 12⁰⁰ - 24⁰⁰

Spezialität: koreanische Reistafel

Wer sowieso in Eppendorf unterwegs ist, sollte sich mal in diesen etwas ruhigeren Teil verirren. Denn hier wartet eine Sushi-Bar mit Überraschungen. Neben den ausgewiesenen vegetarischen Gerichten wie gebackenem Tofu oder der koreanischen Reistafel gibt es auch fischlose Sushi. So finden sich 5 verschiedene Sushi-Maki auf der Karte, die statt mit Fisch mit Kürbis, Rettich oder anderen Gemüsen gefüllt sind. Wer als Vegetarier japanisch essen will, ist hier gut aufgehoben.

(japanisch/koreanisch) (DM 22,- bis 24,-) (Diners, AE, Euro, Master-, Visacard) (40) (24) (Eppendorf) (U-Bahn Lattenkamp, Busse Eppendorfer Markt)

Junge Liebe
Clemens-Schultz-Str. 52
20359 Hamburg/St.Pauli
Tel. 3 19 64 00

täglich: 18⁰⁰ - 2⁰⁰

Spezialität: Crostini mit selbstgemachtem Pesto, Tomatenkompott mit frischem Parmesan überbacken

Inspiriert von den „New Yorker Geschichten" von Dorothy Parker ist der Name Junge Liebe entstanden. Denn die ist nun mal das Größte. Und immerhin, die Küche der Hamburger Jungen Liebe, die täglich bis 24.00 Uhr im Einsatz ist, kann sich sehen lassen. Und die Preise für das zu ca. 50% vegetarische Essen und auch für das hochwertige Weinangebot halten sich (dank Direktimporten) in schicklichen Grenzen. Die Atmosphäre zwischen den dunkelblauen Wänden, Engelchen und Terracottafliesen ist ausgesprochen angenehm. Und der Service ist besonders freundlich.

(international) (DM 14,50 bis 19,80) (40) (20) *(St.Pauli)* (U3 St.Pauli, S-Bahn Reeperbahn)

HOTEL GUTSHAUS STELLSHAGEN
BIO- UND GESUNDHEITSHOTEL

Urlaub für Körper, Geist...

• Vegetarische Vollwertküche aus eigenem Bioanbau • Naturheilpraxis • Schöne Seminarräume • Umfangreiches Freizeit-, Fitness- und Meditationsangebot • Rauchfreie Gastronomie • Baubiologisch renoviert
• In der Nähe der Ostsee, 90 Minuten von Hamburg

...und Seele

Die Verwöhn-Tage:
2 Übernachtungen im Doppelzimmer, Vollpension mit vegetarischen Delikatessen, Obstkorb im Zimmer, Begrüßungssekt an der Bar, 1 Massage, 1 Einzeltherapiesitzung/-behandlung nach Wahl, 1 CD Entspannungsmusik zum Aussuchen und Mitnehmen DM 360,-
(Einzelzimmerzuschlag: DM 70,-)

Fordern Sie unseren kostenlosen Prospekt an:
Gutshaus Stellshagen, Lindenstr. 1, 23948 Stellshagen, Tel: 038825-44100, Fax: 038825-44333

Kalenbach
Moorfurthweg 9
22301 Hamburg/Winterhude
Tel. 27 09 23 20

Mo-Do: 12⁰⁰ - 1⁰⁰ Fr: 12⁰⁰ - 2⁰⁰
Sa: 11⁰⁰ - 2⁰⁰ So: 12⁰⁰ - 2⁰⁰

Spezialität: Penne in Aprikosen-Basilikumsoße mit Walnüssen

Das Kalenbach liegt direkt am Goldbekkanal und hat für die völligen Hamburg-hat-mehr-Wasserstraßen-als-Venedig-Freaks sogar einen eigenen kleinen Paddelbootanleger. Der wird gerade im Sommer gern genutzt, genauso wie der lauschige (Bier-)Garten. Die Karte überzeugt durch gute Ideen für kleine Preise. So gibt es neben der festen Salatkarte auf der wechselnden Wochenkarte immer 4-5 vegetarische Gerichte, die sich schmecken lassen können. Die Küche nimmt in der Woche bis 22.30 Uhr und am Wochenende bis 24 Uhr Bestellungen entgegen.

(international)   (DM 7,- bis 17,50)   (keine)   (80)
(100)   (Winterhude)   (Bus 108 / 106 Goldbekplatz)   (Hof)

Kneipe Fritz Bauch
Bartelsstr. 6
20357 Hamburg/Schanzenviertel
Tel. 4 30 01 94

Mo-Do: 12⁰⁰ - 2⁰⁰
Fr+Sa: 12⁰⁰ - 4⁰⁰   So: 11⁰⁰ - 2⁰⁰

Spezialität: Salat mit mariniertem Schafkäse

In dieser Schanzen-Kneipe wartet mehr als eine Überraschung: 1. Auf der ganzen Karte mit dem schönen Titel „Gefüllter Bauch" werden überhaupt nur 6 Gerichte mit Putenfleisch oder Speck angeboten, der Rest ist vegetarisch. 2. Von diesem Rest werden 8 Gerichte immer und 3 weitere auf Wunsch vegan zubereitet. Vom Gemüsespieß mit Erdnußsoße über den Salat mit Apfel und Walnüssen bis zum Tofu mit Chinakohl kommt hier keine Langeweile auf. Und bei den wechselnden Tagesgerichten wartet oft die vegetarische Überraschung Nr.3!

(international)   (DM 9,50 bis 12,50)   (keine)   (80)
(18)   (Schanzenviertel)   (U/S-Bahn Sternschanze)

ÜBERBACKENE ARTISCHOCKENHERZEN

Rezept siehe Seite 144

Koch Salon
Bernhard-Nocht Str. 95
20359 Hamburg/St. Pauli
Tel. 31 79 60 70

Mo-Fr: 12⁰⁰ - 1⁰⁰
Sa+So: 12⁰⁰ - 2⁰⁰

Spezialität: täglich wechselndes Angebot

Wer schräge Überraschungen liebt, darf sich den Koch Salon auf dem Kiez nicht entgehen lassen. Hier, in diesem Steh-Bistro, wird jeden Abend Leckeres auf die Teller gebracht, aber von ständig (!) wechselnden Küchenbesetzungen. Und wie sich leicht vorstellen läßt, sorgen diese Gastköche und -köchinnen aus vielen verschiedenen Ländern für ein abwechslungsreiches Programm. Eine Karte gibt es nicht, die einzige feste Größe sind Tapas. Aber es gibt jeden Tag garantiert auch Vegetarisches - es weiß vor Küchenöffnung nur keiner genau was!

(international) *(DM 9,- bis 15,-)* *(keine)* *(20)*
(St.Pauli) *(S-Bahn Reeperbahn / U-Bahn St. Pauli)*

Laska´s vegetarisches Restaurant
Geschw.-Scholl-Str. 44
20251 Hamburg/Eppendorf
Tel. 4 60 61 15

täglich: 11³⁰ - 24⁰⁰

Spezialität: Daal Sabji (indisches Nationalgericht)

Die Küche des freundlichen Herrn Singh bietet durchgehend bis 23 Uhr leckere, rein vegetarisch indische und internationale Spezialitäten. Von der Rohkostplatte über China-Tofu und die indischen Spezialitäten bis hin zu Spaghetti Arrabiata wird in dem gutbürgerlichen Ambiente alles mit gleicher Sorgfalt zubereitet. Das Gemüse kommt zum größten Teil aus kontrolliert biologischem Anbau und der Mittagstisch (bis 17 Uhr!) umfaßt täglich 3-6 verschiedene Gerichte. Absolut empfehlenswert: das sonntägliche Frühstücksbuffet für DM 16,50 satt. Und wer seine Lieben daheim beeindrucken möchte, nimmt die Gerichte einfach mit oder bedient sich des hervorragenden Partyservices.

(indisch/international) *(DM 13,50,- bis 17,50,-)* *(keine)*
(Eppendorf) *(60)* *(60)* *(Eppendorfer Markt)*

Lattent
Lattenkamp 22
22299 Hamburg/Winterhude
Tel. 5 14 13 93

tägl. 15-open end

Spezialität: Duftreis in Kokosmilch gegart auf Aprikosen-Tomaten-Gemüse

Das Lattent gehört ganz sicher zu den attraktivsten Läden in dieser Gegend: Helle Räume, nette Bedienungen und ein schöner, 1998 neu angelegter Biergarten. Die Speisekarte ist nicht sehr groß, aber neben fleischlosen Suppen, Salaten, Nudeln und Gratins gibt es auch immer 4-6 extra als vegetarisch ausgewiesene Gerichte. Darunter findet sich auch Interessantes wie Möhrencurry mit Erdnußsauce oder Deftiges wie ein vegetarisches Bauernfrühstück. Außerdem gibt es eine Wechselkarte, auf der immer mindestens ein fleischfreies Gericht zu finden ist. Und den Sonntags Brunch sollte man sich auch mal gönnen. Fazit: Hier trifft man sich gern!

(international/indisch) (DM 11,- bis 14,50) *(keine)* (100) (184 im Biergarten) *(Winterhude/Alsterdorf)* (U1-Lattenkamp).

WOHIN ZUM BRUNCH?

INS *Lattent*
RESTAURANT-KNEIPE-CAFÉ

Sonntags Brunch 10-15.00 – Kaffee/Tee/Säfte satt
Lattenkamp 29 (U-Bahn Lattenkamp)
22299 Hamburg - Tel. 514 13 93
GROSSER BIERGARTEN

Lenz Marktfrischer Mittagstisch
Depenau 10
20095 Hamburg/Innenstadt
Tel. 30 38 14 41

Mo-Fr: 11⁰⁰ - 16⁰⁰

*Spezialität: **Pasta mit Pavarotti Soße***

Tolles Konzept und für uns ein echter Geheimtip! Das kleine Restaurant zwischen Steinstraße und Ost-West-Str. (Rückseite Chile-Haus) hat ganz konsequent nur in der Woche zur Mittagszeit geöffnet, aber mit was für einer Wochenkarte! Jeden Tag werden in der offenen Küche zwischen 4 und 6 neue Gerichte zubereitet, von denen mindestens (!) zwei vegetarisch sind. Da tummeln sich frische Pasta mit Steinpilzfüllung sowie der arabische Auberginenauflauf neben Tortellini in Nußrahm und dem indonesischen Gemüse, süß-sauer. Einfach köstlich! Und diese leckere Vielfalt gibt's auch noch für kleines Geld.

(international) (DM 7,- bis 15,-) (keine) (36) (20 zur Straße) (Innenstadt) (U1 Meßberg, Bus 111)

Lilienthal
Kaiser-Wilhelm Str. 71
20355 Hamburg/Neustadt
Tel. 35 29 93

Mo-Fr: 12⁰⁰ - 15⁰⁰ und 18⁰⁰ - 1⁰⁰
Sa: 18⁰⁰ - 1⁰⁰   So: Ruhetag

*Spezialität: **Curry-Reis-Terrine auf
süß-saurem Wok-Gemüse***

Das Lilienthal hat zwei Geräume für unterschiedliche Gelegenheiten. Im vorderen Teil geht es zwar chic mit gewichsten Wänden und Kronleuchtern zu, aber gegessen wird am Holztisch. Im hinteren Teil geht es ein bißchen edler zu, dort ist stets weiß eingedeckt. Die Küche bietet Vegetarisches als festen Bestandteil der Karte, die abends ca. alle zwei Wochen wechselt und mittags täglich. Durch eine Glasschiebewand im Vorderteil behält bei schönem Wetter auch der draußen sitzende Gast Kontakt mit dem Innenleben.

(international) (DM 10,- bis 30,-) (60) (20) (Neustadt) (U-Bahn Gänsemarkt)

Luminis Pavillon-Café
Mittelweg 145
20148 Hamburg/Pöseldorf
Tel. 45 57 58

Mo-Sa: 9:30 - 22:30
So: 10:00 - 21:00

Spezialität: Kuchen aus eigener Konditorei

Der lichtdurchflutete Pavillon am Mittelweg versetzt einen selbst bei Hamburger Schmuddelwetter noch in gute Laune. Wozu das abwechslungsreiche vegetarische Angebot selbstverständlich sein übriges tut: Morgens Frühstück, mittags und abends Pasta, Salate und Toasts und das Angebot von der tägl. wechselnden Tageskarte und nachmittags Kaffee und Kuchen. Am liebsten wird saisonales Gemüse und Obst aus biologischem Anbau vom Hof Dannwisch-Elmshorn, verarbeitet - und das schmeckt man auch. Und wer gern feiert, ist hier mit bis zu 70 Gästen bestens aufgehoben.

(international, leicht bis bodenständig) *(DM 15,- bis 17,50)* *(keine)* *(NR-Zone für 25 Gäste)* *(70)* *(30 auf der Terrasse)* *(Pöseldorf)* *(Bus 109 Böttgerstraße)*

FRISCH, KREATIV, Vegetarisch...
Frühstück, Mittagstisch, Bistro, eigene Konditorei.

Produkte aus biologischem Anbau ergeben die wertvollen Zutaten unserer täglich frischen, vegetarischen Gerichte sowie köstlichen Torten und Gebäcke. Unsere lichtdurchfluteten Räume stehen auch für private Feiern zur Verfügung.

PAVILLON CAFE LUMINIS

Mo.-Sa. 9.30 - 22.30, So.10.00 - 21.00

Mittelweg 145, 20148 Hamburg, Tel.: 45 57 58

Maharaja
Detlev Bremer Str. 25-27
20359 Hamburg/St. Pauli
Tel. 3 17 49 28

🕐 Mo-Fr: 12:00 - 15:00 und 17:00 - 24:00
Sa+So: 12:00 - 1:00

Spezialität: Meghdhanu Korma = Regenbogen Korma
(Gemüse, Früchte, Nüsse, Soja, Panir
in Tomaten-Sahnesoße)

Das Maharaja ist eines der ganz wenigen ayurvedischen Restaurants in Hamburg und kann auf eine erstaunliche Familientradition zurückblicken. Denn noch der Großvater des jetzigen Betreibers war sowohl Arzt als auch Koch beim König von Rajasthan. Ayurveda, die Lehre vom langen, ganzheitlichen Leben schlägt sich natürlich auch in der Küche nieder, in der es viele vegetarische Gerichte gibt. Ob Himalaya Kofta oder Meghdhanu Korma - das Essen schmeckt immer vorzüglich.

(ayurvedisch) (DM 15,- bis 23,50) (keine) (34)
(20) (St. Pauli) (U-Bahn St. Pauli / S-Bahn St. Pauli)

Marinehof
Admiralitätsstr. 77
20459 Hamburg/Neustadt
Tel. 36 76 55

🕐 Mo-Do: 11:30 - 1:00   Fr: 11:30 - 2:00
Sa: 13:00 - 2:00   So: Ruhetag

Spezialität: saisonales Gemüsecurry

Auch wenn der Marinehof im Ruf steht, durch Werber dauerbesetzt zu sein, lohnt sich ein Besuch. Denn neben dem ganz interessanten Ambiente (zwei Ebenen, offene Küche, große Fenster etc.) bietet sich dem interessierten Vegetarier ständig eine gute Auswahl an indisch/international zubereiteten Leckereien. Von Wirsing-röllchen mit Schafkäse über gefüllte Teigtaschen und dem Rohkostsalat bis hin zu Orientalischem. Egal, was Sie bestellen, Sie können immer sicher sein, daß es aus frischen Zutaten zubereitet ist und nicht aus irgendeiner Konserve kommt.

(international) (DM 15,- bis 18,-) (Eurocard) (80)
(45) (Neustadt) (U-Bahn Rödingsmarkt)

Marktstand mit vegetarischen Spezialitäten
Tel. 4 39 61 17

🕐 Mo-Fr: auf verschiedenen Wochenmärkten

Spezialität: Tomatensuppe

Wer das Vergnügen kennt, hier an frischer Luft auf dem Wochenmarkt sein Mittagessen einzunehmen, wird immer wieder kommen. Die freundlichen Damen offerieren stets zwei Suppen (die Tomatensuppe ist geradezu berühmt!), verschiedenen Vegi-Pizzen, Gemüsetorten (Weizenvollkornmehl und Roggenschrot für den Teig sind aus biologischem Anbau!), Aufläufe etc. Alle Gerichte können gleich an den Stehtischen verzehrt werden. Und selbstverständlich gibt es Porzellan- statt Papptellern und Metall- statt Plastiklöffel. Um das lecker-gesunde Mahl abzurunden, gönnen Sie sich noch einen frischgepreßten Saft aus Äpfeln, Roter Beete, Möhren und Sellerie.

👨‍🍳 *(deutsch/italienisch)* 🍽 *(DM 4,50 bis 6,50)* ⛱ *(Di+Fr Isemarkt, Do Turmweg)*

Marriott Hotel Treudelberg
Lemsahler Landstr. 45
22397 Hamburg/Duvenstedt
Tel. 6 08 22-0

🕐 täglich: 6³⁰ - 22³⁰

Spezialität: Spaghetti mit Rucola, Tomaten und Parmesan

Daß das Marriott Hotel Treudelberg über einen eigenen Golfplatz verfügt, ist den Freunden vegetarischer Genüsse ziemlich egal. Aber immerhin ist das ein Hinweis auf die schöne Lage. Und hier mitten im Grün gibt es zwar kein sehr großes, aber dafür sehr leckeres vegetarisches Angebot. Neben den diversen Salaten gibt es immer mindestens 2 vegetarische Hauptgerichte auf der Karte, die erfreulich häufig wechselt. So z.B. Ofenkartoffel mit Ratatouille gefüllt oder Gemüse aus dem Wok. Bei kurzfristiger Voranmeldung ist auch jederzeit ein 8 Gänge Menü oder Buffet möglich.

👨‍🍳 *(regional bis international)* 🍽 *(DM 16,- bis 25,-)* 💳 *(alle)* 🪑 *(65)* ⛱ *(70 auf der Terrasse)* ✝ *(Duvenstedt)* 🚌 *(S-Bahn Poppenbüttel, 276 Bus Treudelberg)* 🅿 *(großer, kostenfreier Parkplatz)*

Mellow Mood
Schulterblatt 58 a
20357 Hamburg/Schanzenviertel
Tel. 4 30 40 80

So-Do: 10⁰⁰ - 1⁰⁰
Fr+Sa: 10⁰⁰ - 2⁰⁰

Spezialität: Gemüsespieß oder Kartoffelteigtaschen

Das Schanzenviertel hat sich in den letzten Jahren zum echten Vegetarierparadies entwickelt. Soviel Auswahl und interessante Angebote gibt es in keinem anderen Stadtviertel. Persische Spiegeleier, Teigröllchen mit Schafkäse oder Gemüse, eingelegter Schafkäse, gebratene Champignons und mehr gehören zu den im Mellow Mood angebotenen vegetarischen Kleinigkeiten. Daneben gibt es 7 verschiedene Vegi-Pizzen, 12 Vegi-Hauptgerichte (Spinat-Lasagne, Pilzpfanne, Ratatouille, gegrilltes Gemüse am Spieß etc.), 6 Salate ohne Fisch und Fleisch und auch noch Gemüsetacos. Und das alles auch noch für wenig Geld.

(türkisch, persisch, mexikanisch) (DM 6,- bis 17,-) *(keine)* *(80)* *(120 auf der Terrasse)* *(Schanzenviertel)* *(U/S-Bahn Sternschanze)*

Meson Galicia
Ditmar-Koel-Str. 18
20459 Hamburg/Neustadt
Tel. 3 19 59 88

Mo-Fr: 12⁰⁰ - 15⁰⁰ und 18⁰⁰ - 24⁰⁰
Sa-So: 18⁰⁰ - 24⁰⁰

Spezialität: vegetarische Paella

In Hafennähe gibt´s geballt auf kleiner Fläche Unmengen spanischer und portugiesischer Restaurants, die aber alle sehr fisch- und fleischorientiert kochen. Alle? Nein, nicht alle! Das Meson Galicia ist das einzige, das auf der Karte explizit Vegetarisches ausweist. So gibt es u.a. Knoblauchsuppe, Palmherzensalat, Tortillas mit Kartoffeln und Zwiebeln und ... vegetarische Paella (für nur DM 17,-)! Ein zweites Restaurant gleichen Namens gibt es übrigens auch in Harburg in der Maretstraße. Und auch dort gibt es die Vegi-Paella.

(spanisch) (DM 15,- bis 17,-) *(alle gängigen)* *(90)* *(Neustadt)* *(U-Bahn Landungsbrücken)*

MAISGRIESPIZZA

Rezept siehe Seite 145

Mexican Restaurant dos amigos
Sillem Str. 74
20257 Hamburg/Eimsbüttel
Tel. 40 19 72 84

🕐 täglich: 17⁰ - open end

Spezialität: vegetable Sizzlers
(Gemüse in der heißen Gußpfanne)

Bei diesem Tex-Mex-Spezialisten sitzt man entweder zwischen terracottafarben gewichsten Wänden ganz gemütlich an einfachen Holztischen oder unter Linden im Biergarten. Auf jeden Fall kann man sich immer auf das Wesentliche konzentrieren - Essen + Trinken. Besonders angenehm ist die Gestaltung der Speisekarte. Hier gibt es keine vegetarische Nische, sondern alle Vegi-Gerichte, die sich bunt verstreut finden, sind mit einem Radieschen gekennzeichnet. Vom Salat über die mexikanische Pizza mit Kartoffelecken bis zu Gemüse-Enchiladas - hier findet jeder was. Die Bedienung ist sehr freundlich und die mexikanischen Cocktails waffenscheinpflichtig.

(mexikanisch) *(DM 9,80 bis 23,50)* *(Euro-, und Visacard)* *(50)* *(60)* *(Eimsbüttel)*

Mövenpick Spitalerbrücke
Spitalerstr. 9
20095 Hamburg/Innenstadt
Tel. 3 00 50 80

🕐 Mo-Fr: 8⁰⁰ - 21⁰⁰
   Sa-So: 9⁰⁰ - 19⁰⁰

Spezialität: Salatbuffet

Über der Spitalerstraße schwebend, sitzt man in diesem Mövenpick Restaurant mit Blick auf die hektisch vorbeieilenden Kaufwütigen. In dieser unwirklichen Atmosphäre genießt man das auf der Karte befindliche Vegi-Angebot wie das Gemüse-Früchte-Curry um so mehr. Richtig interessant wird es am Mo, Di und Mi, denn an diesen Tagen gibt es hier von 18-21 Uhr ein vegetarisches Buffet: Rohkostsalate, Pfannengemüse, Sprossen, Kräuter und Körner, Gemüserösti, Gemüse-Käse-Medaillons und verschiedene Kartoffelspezialitäten. So oft und soviel Sie wollen für DM 18,50. Ist doch mal ein Wort!

(international) *(DM 12,80 bis 18,50)* *(Amex, Euro-, Master, Visacard)* *(NR-Zone auf 1/3 der Fläche)* *(120)* *(185)* *(Innenstadt)* *(U3 Mönckebergstraße, Hauptbahnhof)*

**Mr. Clou
Steindamm 105
20099 Hamburg/Innenstadt
Tel. 24 05 44**

täglich: 6⁰⁰ - 23⁰⁰

Spezialität: Gemüsebratling

In der Wandelhalle des Hauptbahnhofs gibt es ein großes Lebensmittelangebot. Wie schön, daß da auch die Vegetarier nicht zu kurz kommen. Bei Mr. Clou gibt es neben den zahlreichen Obst- und Gemüsesäften auch frische Salate, Obst und verschiedene warme Gerichte wie vegetarische Aufläufe oder die Gemüse-Chinapfanne. Neben dem Angebot von der Standardkarte gibt es jeden Tag mindestens ein vegetarisches Mittagsgericht zusätzlich. Alles in allem sicher keine Sensation, aber eine preiswerte Alternative für eine schnelle Mahlzeit zwischendurch.

(international) *(DM 3,- bis 9,90)* *(keine)* *(15)*
(Innenstadt) *(Hauptbahnhof)*

**Mr. Green
Mansteinstraße 50
20253 Hamburg/Eimsbüttel
Tel. 4 91 49 61**

je nach Filiale unterschiedliche Öffnungszeiten
Adressen siehe Buch-Rückseite

Spezialität: täglich frische Salate

Das Konzept von Mr. Green ist ebenso simpel wie genial: Salate (7 Dressings zur Wahl!), überbackenes Gemüse, Baked Potatoes, Pasta, Suppen etc. mit oder ohne Fleisch zu korrekten Preisen. Ein freundlicher und schneller Service, gleichbleibende Qualität und ein angenehmes, helles Ambiente. Ein Abstecher hierher ist immer unkompliziert, lecker und preislich okay. Was will man mehr? So wundert es nicht, daß es in Hamburg bereits 5 Mr. Green gibt (Adressen finden Sie auf der Rückseite des Buchs). Und ein weiteres Anwachsen ist nicht ausgeschlossen. Geliefert wird nicht, sie können aber telefonisch bestellen und dann alle Gerichte mitnehmen.

(amerikanisch) *(DM 10,90 bis 16,40)* *(keine)*
(Eimsbüttel, Rotherbaum, Blankenese, Innenstadt)

Neues Theater Bistro
Hütten 49
20355 Hamburg/Neustadt
Tel. 31 79 96 40

Di-Sa: 17⁰⁰ - open end
So: 15⁰⁰ - open end Mo: Ruhetag

Spezialität: Salat mit Mangospalten

Um die Ecke vom Theater am Holstenwall findet sich dieses gemütliche Bistro. Das vegetarische Angebot reicht von verschiedenen Vegi-Gerichten à la carte bis zur täglich wechselnden Abendkarte, auf der auch immer extra Vegi-Hauptgerichte angeboten werden. Und hier kann man sich darauf verlassen: Wenn ein Gericht als vegetarisch angeboten wird, dann gibt's auch keine versteckten Fleischbrühen o.ä. Besonders die Theaterbesucher nutzen dieses Bistro. Aber gerade für alle, die nicht ins Theater wollen, bietet sich eine günstige Gelegenheit. Denn von 20-21 Uhr ist blaue Stunde, dann gibt's die Drinks zum 1/2 Preis.

(international) *(DM 6,90 bis 14,50)* *(keine)* *(60)* *(20)* *(Neustadt)* *(U-Bahn St.Pauli / Bus 112 Museum f. Hamb. Geschichte)*

Neumann Naturprodukte
Mönckebergstr. 7,   I. Stock
20095 Hamburg/Innenstadt
Tel. 32 52 62 36

Mo-Fr: 9³⁰ - 20⁰⁰
Sa: 10⁰⁰ - 16⁰⁰

Spezialität: hausgemachter ayurvedischer Linsensalat

Ein absoluter Lichtblick! In diesem Naturwarenladen im Levantehaus kann man so gut vegetarisch essen, daß er bei uns in der Rubrik „Gastronomie" und nicht unter „Einkaufstips" gelandet ist. Leckerste Salate (werden nach Gewicht berechnet), feinste Teigtaschen mit unterschiedlichsten Füllungen und Tagesgerichte wie gefüllter Käsecrêpe oder Zucchinipuffer mit Apfelmus und Salat bis hin zu vegan gefüllten Weinblättern und Currytaschen. Alle Speisen können Sie gleich an den Tischen vor der Tür genießen oder auch mit ins Büro oder nach Hause nehmen.

(indisch/international) *(bis DM 10.95)* *(keine)* *(11)* *(Innenstadt)* *(Hauptbahnhof)*

New York Deli
Mönckebergstr. 7 I.Stock
20095 Hamburg/Innenstadt
Tel. 33 32 29 92

Mo-Fr: 10⁰⁰ - 20⁰⁰
Sa: 10⁰⁰ - 18⁰⁰

Spezialität: Vegetarisches Sandwich, gegrillt

Großes amerikanisches Selbstbedienungsrestaurant mit witzigem Angebot: Die Brotsorten für das Sandwich können Sie selbst auswählen, die Salate (z.B. Apfel-Sellerie mit Walnüssen) unterscheiden sich wohltuend von den sonst angebotenen Standards, die Kartoffeln werden mit Gemüse gefüllt und den vegetarischen Pizza-Bagel muß man gesehen haben, den kann man nicht beschreiben! Insgesamt sicher eine gute Innenstadt-Alternative für den Snack zwischendurch.

(amerikanisch) (DM 5,- bis 10,50) (keine) (140)
(NR-Zone) (Innenstadt) (Hauptbahnhof)

Nil
Neuer Pferdemarkt 5
20359 Hamburg/St.Pauli
Tel. 4 39 78 23

Mo-Fr: 12⁰⁰ - 14³⁰ und 18³⁰ - 23³⁰
Sa: 18³⁰ - 24⁰⁰ So: 18³⁰ - 23³⁰

Spezialität: häufig wechselnde Karte

Das Nil ist ein In-Lokal, bei dem man leider damit rechnen muß, wegen Überfüllung weggeschickt zu werden. Das Angebot auf der ständig wechselnden Karte ist so gestaltet, daß sich immer mindestens ein vegetarisches 3-Gänge Menü zusammenstellen läßt. Und wenn man sich entsprechend mit einer Gruppe anmeldet, gibt's vegetarische Vielfalt vom Feinsten! Die Küchenmannschaft hat ein Herz für Vegis und das merkt man auch der Auswahl der Gerichte an. Den fiesen „Gemüseteller, gedünstet" sucht man im Nil vergebens. Und für alle gilt, wer sich mit mehreren auf ein gemeinsames Menü einigt, bekommt 20% Preisnachlaß.

(international) (DM 18,- bis 24,-) (keine) (St.Pauli)
(U-Bahn Feldstraße)

Pastalozzi
Reimarusstr. 10
20459 Hamburg/Neustadt
Tel. 31 23 16

🕐 Mo-Do: 11⁰⁰ - 19⁰⁰
Fr: 11⁰⁰ - 24⁰⁰

Spezialität: Ricotta Ravioli in Salbei-Butter

In dem Viertel zwischen Baumwall, Landungsbrücken und Michel gibt´s nicht nur jede Menge Touristen, auch spanische und portugiesische Restaurants gibt´s hier wie Sand am Elbstrand. Um so erstaunlicher nimmt sich das kleine, nette italienische Pastalozzi aus. Vorne Einkaufen und einen schnellen Espresso im Stehen, hinten Essen im kleinen Restaurant. Das vegetarische Angbot reicht von verschiedenen Antipasti über Salate bis hin zu frischer Pasta mit z.B. Gorgonzolasauce.

(italienisch) 🍽 *(DM 11,- bis 14,-)* 💳 *(keine)* 🪑*(45)*
(Neustadt) 🚌*(U-Bahn Landungsbrücken od. Baumwall)*

Pepper
Stresemannstr.133
22769 Hamburg/Altona
Tel. 43 29 04 34

🕐 So-Fr: 12⁰⁰ - 1⁰⁰
Sa: 12⁰⁰ - 2⁰⁰

Spezialität: Risotto

Unter der Überschrift „Vegetarisches" tummeln sich immerhin 12 verschiedene Angebote. Vom Vegi-Risotto mit Sprossen bis zu Champignons im Bierteig gebacken finden sich lecker zubereitete Standards. Und zusätzlich findet sich fleischloses unter den Pizzen, Nudeln, Tacos, Omelettes und, und, und ...! Schade, daß der Service nicht immer hält, was der lange Tresen, an dem sich hier das Leben abspielt, verspricht. Aber was soll´s, es menschelt eben überall.

(international) 🍽 *(DM 10,- bis 14,40)* 💳 *(keine)* 🪑*(60)*
(ca.30) *(Altona)* 🚌*(S-Bahn Holstenstr.)*

Guacamole & Salsa, Tortillas & Burritos

Rezept siehe Seite 147

Petit Jardin Brasserie Café
Waitzstraße 20
22607 Hamburg/Othmarschen
Tel. 89 07 02 27

🕐 Mo-Fr: 8³⁰ - 18³⁰
Sa: 9⁰⁰ - 13⁰⁰

Spezialität: Grünkernbällchen an Joghurtsauce

Nicht nur der Name, auch der Koch ist französisch. Und so wartet dieses hübsche Tagesrestaurant im mediterranen Look auch mit französischen Spezialitäten auf. Vom Frühstück mit frischen Croissants bis zur vegetarischen Quiche wird eine Menge geboten. So gibt es sowohl eine kleinen feste als auch eine täglich wechselnde Karte, so daß Langeweile einfach nicht aufkommen kann. Wie wäre es mit frisch angedünsteten Austernpilzen auf Salat, einem Gemüseragout, gebackenen Auberginen oder einem überbackenem Ziegenkäse auf Apfelscheiben? Bon appetit!

(französisch) (DM 12,50 bis 22,-) *(40)* *(32 auf der Terrasse)* *(Othmarschen)* *(S-Bahn Othmarschen)*

Primavera
Am Rosenplatz 5
21465 Reinbek
Tel. 7 22 99 01

🕐 Mo-Fr: 12⁰⁰ - 15⁰⁰ und 17⁰⁰ - 23⁰⁰
Sa-So: 12⁰⁰ - 23⁰⁰

Spezialität: afghanische Vorspeisen

Hier wird eine in Hamburg wahrscheinlich einmalige Kombination geboten: italienische und afghanische Küche. Natürlich nicht gemischt, sondern in diesem Lokal gibt es sowohl als auch (Es muß nicht immer Pizza sein!). Und durch die Breite des Angebots gibt es erstaunlich vielfältige vegetarische Gerichte, wie z.B. die in Gewürzteig gebackenen Gemüse als afghanische Vorspeise. Dabei gibt es nicht nur den klassischen außer Haus Verkauf, sondern auf Wunsch auch einen Lieferservice.

(italienisch / afghanisch) (DM 7,50 bis 21,50) *(keine)* *(30)* *(20 auf der Terrasse)* *(Reinbek)* *(S-Bahn Reinbek)* *(3 im Hof)*

Radix
Bundesstr. 30
20146 Hamburg/Univiertel
Tel. 44 05 81

Mo-Sa: 18⁰⁰ - 23³⁰
So: Ruhetag

Spezialität: Kartoffel-Zucchini-Rösti mit Ziegenkäse

Die Betreiber des freundlichen Lokals im Souterrain sind etlichen Gourmets sicher noch aus ihrer Zeit in der „Kupfermühle" in Glinde bekannt. Erst 1998 zog es sie nach Hamburg - und wir sind´s zufrieden. Denn die Karte ist biologisch ausgesprochen wertvoll. Soll heißen, daß zu über 90% ökologisch erzeugte Produkte verarbeitet werden. Das vegetarische Angebot ist nicht sehr groß (Kein Wunder, die Karte ist insgesamt nicht sehr umfangreich!), aber immer frisch und superköstlich. Und das vegetarische Menü ist mit DM 30,- vergleichsweise günstig.

(*international und biologisch wertvoll*) (Menü DM 30,-) (keine) (24) (Univiertel) (Bus 102 Staatsbibliothek)

raw like sushi
Grindelallee 134
20146 Hamburg/Univiertel
Tel. 45 79 31

Mo-Fr: 11³⁰ - 14³⁰ und 19⁰⁰ - 24⁰⁰
Sa-So: 19⁰⁰ - 24⁰⁰

Spezialität: vegetarische Makis

Klein, blau, cool - die Optik paßt zum Angebot. Doch für eingefleischte Fans der japanischen Küche gibt´s hier Köstliches auch ohne toten Fisch. Maki (Reisrolle mit Seetang umwickelt) gibt´s mit 10 verschiedenen vegetarischen Füllungen: Gurke, eingelegter Rettich, Kürbis, Kohl oder Pilze, um nur einige zu nennen. Aber auch ein Vegi-Nigiri gibt´s auf der Karte. Zusammen mit den Salaten und Suppen kann ein wunderbares japanisches Menü zusammengestellt werden. Genau richtig für ein kleines, feines und leichtes Mittag- oder Abendessen.

(*japanisch*) (DM 7,- bis 28,-) (keine) (50 im Restaurant, 30 an der Bar) (Univiertel) (Bus 102 Grindelhof)

Restaurant Boetticher
Schauenburger Str. 40
20095 Hamburg/Innenstadt
Tel. 32 67 07

Mo-Fr: 11:30 - 22:30
Sa-So: geschlossen

Spezialität: Salate

Bei Frau von Boetticher kommen gerade all jene auf ihre Kosten, die viel Wert auf eine leichte und abwechslungsreiche Küche legen. Dabei achtet sie besonders auf die Verwendung von jahreszeitlich frischen Zutaten. Erdbeeren zu Weihnachten wird man hier vergeblich suchen. Es gibt keine feste Karte (nur eine Salatkarte), die Tageskarte wechselt täglich, beinhaltet aber immer auch ein vegetarisches Gericht. Am Samstag und Sonntag, wenn das Restaurant für den Publikumsverkehr geschlossen ist, kann es nach Absprache auch gemietet werden.

(leicht, jahreszeitlich orientiert) (DM 11,- bis 15,-) *(keine)* *(45)* *(Innenstadt)* *(U-Bahn Rathausmarkt)*

Saidal
Mittelweg 29
20148 Hamburg/Pöseldorf
Tel. 45 44 44

Mo-Fr: 12:00 - 15:00 und 18:00 - 24:00
Sa-So: 18:00 - 24:00

Spezialität: Bolanie mit Porrée
und Schnittlauch-Kräuterquark

Das Saidal gehört sicher zu den ältesten afghanischen Restaurants in Hamburg. Und dank der Vielzahl der verwendeten Zutaten und Gewürze kommt hier kulinarisch auch für Vegetarier einfach keine Langeweile auf. Verschiedene Kabili (Gerichte mit Gewürzreis, Rosinen, Mandeln, Karotten und Pistazien), Bolanie (gebackene, gefüllte Teigtaschen) und Pakauras (im Gewürzteig gebackenes Gemüse) machen die Entscheidung nicht leicht.

(afghanisch) (DM 8,90 bis 19,90) *(keine)* *(ca.50)* *(ca. 60 auf der Terrasse)* *(Pöseldorf)* *(Bus 109 Böttgerstraße)*

Sai gon
**Martinistr. 14
20251 Hamburg/Eppendorf
Tel. 46 09 10 09**

🕐 Mo-Fr: 12⁰⁰ - 15³⁰ und 17⁰⁰ - 23⁰⁰
Sa-So: 12⁰⁰ - 23⁰⁰

Spezialität: gebratener Tofu mit Glasnudeln und Gemüse

Das Sai gon ist ein echter Geheimtip. Erst im Sommer '98 öffnete es seine Toren und verwöhnt seitdem die Gäste mit ausgesprochen köstlichen und gesunden Spezialitäten. Denn in der vietnamesischen Küche werden nur frische Zutaten verwendet und die Garzeiten sind extrem kurz. So bleiben die wichtigen Vitamine, Nährstoffe und Mineralien erhalten. Es gibt täglich einen Mittagstisch und auch hier immer eine vegetarische Variante. Die Standardkarte bietet zusätzlich immerhin 6 vegetarische Hauptgerichte mit so leckeren Dingen wie scharfes Tofu-Curry mit Zitronengras in Kokosmilch. Und nach dem Essen geht's in die Bar!

(vietnamesisch) *(DM 14,50 bis 19,50)* *(Euro-, + Visacard)* *(Restaurant 40/ Bar 20)* *(46 auf der Terrasse)* *(Eppendorf)* *(Bus Eppendorfer Marktplatz)*

Saliba
**Leverkusenerstraße 54
22761 Hamburg/Bahrenfeld
Tel. 85 80 71**

🕐 Mo-Sa: 12⁰⁰ - 24⁰⁰
So: Ruhetag

Spezialität: Mazzas (gemischte Vorspeisen)

Die Zeitschrift „Schöner Wohnen" hat das Saliba für sein herausragendes Ambiente gelobt. Wir loben es lieber für die hervorragende Küche, die Phantastisches für Vegetarier zu bieten hat. Auch wenn dieser kulinarische Traum seinen Preis hat (Hauptgerichte ab DM 36,-, Menüs zw. DM 78,- und DM 82,-), sollten Sie ihn sich ruhig einmal gönnen. Es lohnt sich garantiert. Zumal nicht nur die Vorspeisen, sondern auch alle Menüs vegetarisch gestaltet werden können. Und probieren Sie zum Essen doch mal einen der angebotenen libanesischen oder syrischen Weine. Sie sind verblüffend gut.

(syrisch) *(ab DM 36,-)* *(keine)* *(100)* *(30)* *(Bahrenfeld)* *(S-Bahn Diebsteich)* *(ja)*

KAUF' NICHT SO VIEL!

Leih' Dir lieber, was Du brauchst.

Mehr als 3.500 Adressen um zu leihen, zu mieten und zu engagieren! Überall wo's Bücher gibt.

Nur DM 14,80

MISSING LINK! Verlag, Tel: 040 - 41 33 34 - 0

Mexikanische Feuersuppe

Rezept siehe Seite 146

Schanzenstern
Bartelsstr. 12
20357 Hamburg/Schanzenviertel
Tel. 4 39 84 41

Mo: 18⁰⁰ - 1⁰⁰ Di-Sa: 10³⁰ - 1⁰⁰
So: 11⁰⁰ - 1⁰⁰

Spezialität: Getreideplätzchen in Joghurtsoße mit Salat

Mitten „auf der Schanze" findet man hier nicht nur jeden Tag einen preiswerten vegetarischen Mittagstisch, sondern auch eine interessante Abendkarte. Wer sich am Sonntag mal was richtig Gutes gönnen will, der stürze sich auf das großartige warm/kalte Frühstücksbuffet für nur DM 22,50. Anzumerken gilt, daß überwiegend Produkte aus der ökologischen Produktion verwendet werden. Außerdem gibt es neben dem Restaurant ein kleines, aber sehr interessantes und preiswertes Hotel. Absolut empfehlenswert für alle, die sich durch eine einfache Ausstattung nicht abschrecken lassen.

(international saisonabgestimmt) (DM 14,50 bis 17,-) (keine) (150) (100 im Garten) (Schanzenviertel) (U/S-Bahn Sternschanze)

Schloß Hasenhof
Lohbrügger Landstraße 119
21031 Hamburg/Bergedorf
Tel. 7 39 93 39

So: 10⁰⁰ - 23⁰⁰ Mo-Do: 12⁰⁰ - 23⁰⁰
Fr-Sa: 12⁰⁰ - 24⁰⁰

Spezialität: hausgemachter Gemüsebratling

Hier seufzt das romantische Herz vernehmlich auf. Dieses kleine Schloß (oder so etwas ähnliches) mit Türmchen, großem Festsaal, hohen Räumen und verspieltem Stuck an der Decke bietet ein ganz gutes vegetarisches Angebot. Gemüse aus dem Wok gehört ebenso dazu wie die Hasenbett-Lasagne mit Spinatfüllung oder der mit Gouda überbackene Schrebertopf. Oder wie wär's mit dem hausgemachten Gemüsebratling und einem knackigen Salat? Sie sehen, hier kann man es sich auch als Vegetarier ganz schön gut gehen lassen.

(gut bürgerlich deutsch/international) (DM 14,50 bis 17,50) (ca. 40) (ca. 50 im Biergarten) (Bergedorf) (S-Bergedorf / Bus131 Emilie-Günther-Weg) (ja)

Schloß Reinbek
**Schloßstraße 5
21465 Reinbek
Tel. 7 27 91 62**

Di-So: 12⁰⁰ - 22⁰⁰
Mo: Ruhetag

Spezialität: Teigtasche mit Schafkäse

Wer noch immer davon träumt, sich einmal wie eine Prinzessin zu bewegen, der ist hier genau richtig. Das Restaurant im Schloß Reinbek ist nach aufwendiger Renovierung aus dem Dornröschenschlaf erwacht und bietet ein traumhaftes Ambiente auch für größere Feiern (Ganz zufällig liegt es neben dem Standesamt!). Dank der saisonalen Ausrichtung wechselt die Karte häufig. Aber immer sind auch verschiedene vegetarische Angebote für ca. DM 20,- dabei, die man bei sonnigem Wetter am besten auf der Terrasse zum Mühlenteich genießt.

(deutsch-saisonal) (ca. DM 20,-) (Eurocard) (75)
(75 auf der Terrasse) (Reinbek) (S-Bahn Reinbek) (ja)

Schotthorst
**Eppendorfer Weg 58
20259 Hamburg/Eimsbüttel
Tel. 4 91 81 21**

Mo-Do: 10³⁰ - 2⁰⁰
Fr-Sa: 10³⁰ - open end   So: 10⁰⁰ - 2⁰⁰

Spezialität: Falafel

Das Schotthorst gehört zum gemütlichen Urgestein der Hamburger Kneipen-Szene (Es geht das Gerücht, das manche Gäste im Laufe der Jahre vergessen haben, wo sie eigentlich wohnen). In der Woche gibt es von 10.30 bis 13 Uhr Frühstück, an Sonn- und Feiertagen ein großes Frühstücksbuffet bis 15 Uhr. Ansonsten gibt es von der Kartoffel mit Sourcream bis zur Vegi-Pizza allerlei Vegetarisches auf der Karte. Und von Mo-Fr gibt´s täglich einen einfallsreichen vegetarischen Mittagstisch. Ab 15 Uhr runden Kaffee und Kuchen das Gesamtbild ab. Einfach eine Kneipe für jede Stimmung, Begleitung und Tageszeit!

(deutsch/italienisch) (DM 7,50 bis 15,50) (keine) (120)
(60) (Eimsbüttel) (U-Bahn Christuskirche)

Shalimar´s Maharadhja
Dillstr. 16
20146 Hamburg/Rotherbaum
Tel. 44 24 84

täglich: 18⁰⁰ - 24⁰⁰

Spezialität: vegetarisches Menü

Gnädig schauen die Götter aus grünem Granit beim Essen zu und siehe, es gefällt auch ihnen. Auf silberbeschlagenen Maharadhja-Sesseln thronend wird man hier vom feinsten verwöhnt. Gekocht wird nordindisch, d. h. der vegetarische Anteil ist sehr hoch. So gibt es allein 10 vegetarische Hauptgerichte vom hausgemachten indischen Käse über verschiedene Currys bis hin zu tollsten Gemüsegerichten. Wie wäre es z.B. mit Vegetable Shalimar (Gemüse in roter Currysoße mit Pflaumen, Aprikosen und Äpfeln)? Oder Sie bestellen gleich ein Menü (gibt´s ab DM 42,-), dann fällt die Wahl nicht so schwer. Alle Gerichte werden mit Basmati Reis serviert und die Soßen je nach Vorliebe mild oder scharf gewürzt.

(indisch) (DM 13,50 bis 20,-) *(Diners, Amex, Euro-, Master-, Visacard)* (60) (25) *(Rotherbaum)* *(U-Bahn Hallerstr., Bus 102 Grindelhof)*

Shikara
Eppendorfer Marktplatz 8
20251 Hamburg/Eppendorf
Tel. 4 80 11 47

Mo-Fr: 12⁰⁰ - 15⁰⁰ und 17⁰⁰ - 24⁰⁰
Sa-So: 17⁰⁰ - 24⁰⁰

Spezialität: vegetarisches Menü

Kaum betritt man das Shikara, fühlt man sich in ein indisches 1001 Nacht versetzt. Die Ausstattung und Dekoration sind genauso ansprechend wie der Inhalt der Speisekarte. Ob Linsensuppe mit Koriander, in Kichererbsenmehl gebackene Zwiebelbällchen oder der gebratene Reis mit Gemüse, Ingwer, Rosinen und Cashewkernen - das Essen ist einfach immer ein Gaumenschmeichler. Und wer seine Gäste zu Hause verwöhnen möchte, muß nicht indisch kochen lernen, sondern ruft einfach den Partyservice unter Tel.: 4 80 89 59 an. Und die ganz Eiligen werden prompt im angeschlossenen Shikara-Quick bedient.

(indisch) (DM 16,- bis 21,-) *(Amex, Euro-, Master-, Visacard)* (50) *(Eppendorf)* *(Busse Eppendorfer Marktplatz)*

Snacks
Grindelhof 10
20146 Hamburg/Uniwiertel
Tel. 41 85 67

Mo-Do: 11³⁰ - 20⁰⁰   Fr: 11³⁰ - 16⁰⁰
Sa-So: geschlossen

Spezialität: Gemüsesuppe

In diesem kleinen, in frischem Türkis gehaltenen Laden gibt es Croques ohne Fleisch, Salate (z.B. „Karibik" mit Ananas, Mandarinen, Äpfel, Karotten und Erdnüssen) und etliche vegetarische Specials: Von der Baked Potatoes mit Sour Cream über Müsli, der wechselnden Tagessuppe bis zur Safran-Tasche, Gemüsetorte und -frikadelle bleibt kein Snack-Wunsch unerfüllt. Sauber, frisch, preiswert und lecker!

(international)   *(DM 3,80 bis 9,90)*   *(keine)*   *(30)*
(Uniwiertel)   *(Bus 102 Grindelhof)*

Süß & Salzig
Lange Str. 50
20359 Hamburg/St. Pauli
Tel. 31 79 08 08

täglich: 10⁰⁰ - 22⁰⁰

Spezialität: Bagels

Im „Süß & Salzig" wird jeder Gast mit einer kuscheligen Kaffeehausatmosphäre und einem kunterbunten Angebot empfangen. Das amerikanische Frühstück mit Pfannkuchen und Ahornsirup gibt´s dankenswerterweise auch noch um 19 Uhr und mittags gibt es jeden Tag einen anderen Salat und ein warmes Gericht. Die Kuchen und anderen „kleinen Schweinereien" lassen einen gern öfter wiederkommen.

(international)   *(DM 8,- bis 11,50)*   *(keine)*   *(18)*
(8)   *(St. Pauli)*   *(S-Bahn Reeperbahn, Bus 112 Hafentreppe)*

Suryel
**Thadenstr. 1
22767 Hamburg/St. Pauli
Tel. 4 39 84 22**

🕐 Mo-Do: 11⁰⁰ - 2⁰⁰
Fr-So: 11⁰⁰ - open end

Spezialität: Knuspriger Orangen-Honig Seitan

Hier fühlt man sich zu jeder Tageszeit kulinarisch wohl: Täglich wechselnder Mittagstisch wie z.B. Pasta nach Wahl und Salat für DM 13,50, nachmittags hausgemachter Kuchen und Eis, später Cocktails und abends das volle Programm von der Abendkarte. Und das ganze in mediterranem, sonnigem Ambiente. Bemerkenswert ist die Theke, die von faszinierenden Unterwasserwelten aus Mosaiksteinchen geziert wird. Aber der Hit ist der Partykeller mit Kegelbahn im Charme der 70er Jahre, die oft ausgebucht ist. Und dank des rein vegetarischen Angebots ist das Suryel eine wahrhaftige Bereicherung der vegetarischen Szene.

(international) *(DM 7,- bis 20,-)* *(keine)* *(ca.50)* *(ca. 30)* *(St. Pauli)* *(U3 Feldstraße / Bus 111 Pferdemarkt)*

Tassajara
**Eppendorfer Landstr. 4
20249 Hamburg/Eppendorf
Tel. 48 38 90**

🕐 Mo-Fr: 12⁰⁰ - 24⁰⁰
Sa-So: 17⁰⁰ - 24⁰⁰

Spezialität: Vollkornkuchen nach Ayurveda Art

Das Tassajara hat von uns die vollvegetarische Doppelmöhre bekommen, obwohl auch Fisch angeboten wird. Doch das nur in so winziger Auswahl, daß wir beschlossen haben die paar Scampi und ihre Freunde zu ignorieren. Der Mittagstisch (Mo-Fr 12-16) ist absolut empfehlenswert. Gekocht wird lecker indisch, die Weine kommen aus ökologischem Anbau (selbst Cognac und Grappa sind aus Bio-Anbau) und das Ambiente ist angenehm locker und unangestrengt.

(indisch/internationale Vollwertküche) *(DM 17,- bis 20,50)* *(50)* *(50)* *(Eppendorf)* *(U-Bahn Eppendorfer Baum)*

PA THAI

Rezept siehe Seite 150

The Amtrak
Bahngärten 28
22041 Hamburg/Wandsbek
Tel. 68 09 49

🕐 Mo-Fr: 17⁰⁰ - 1⁰⁰
Sa-So: 10⁰⁰ - 15⁰⁰ und 15³⁰ - 1⁰⁰

Spezialität: Vegi Boats

An der S-Bahnstation Wandsbek (nicht am Wandsbeker Markt!) steht noch das alte Bahnhofsgebäude. Hier ist das Amtrak mit seinem urgemütlichen Biergarten zu Hause. Die Küche ist bunt gemischt mit leichtem Hang zum TexMex, aber ausgesprochen angenehm für Vegetarier - vom Vegi Burger über Vegi Tacos bis zum Salat mit gebratenem Gemüse. Spitze sind die „Vegi Boats": gratinierte Kartoffelhälften mit Gemüse-Frischkäse-Füllung auf Kräuterrahm. Und die vorbeiratternde S-Bahn schürt das Fernweh...!

(international) 🍽 *(DM 6,50 bis 15,90)* 💳 *(keine)* 🪑*(100)* 🍺 *(120)* ✠*(Wandsbek)* 🚌*(S-4 Wandsbek)* 🅿 *(großer Parkplatz ganz in der Nähe)*

Thymaro
Stellinger Weg 47
20255 Hamburg/Eimsbüttel
Tel. 40 17 16 19

🕐 täglich: 18⁰⁰ - 1⁰⁰

Spezialität: Thymaro Salat mit Gemüsebratling

Das Thymaro bestätigt uns einen (hoffentlich!) unaufhaltsamen Trend zum guten vegetarischen Restaurant. Hier ißt einfach jeder gern, weil's schmeckt. Egal, ob nun Vegetarier oder auch nicht. Es gibt eine feste Karte und zusätzlich eine wechselnde Wochenkarte, die das Zusammenstellen von hochgradig leckeren Menüs noch leichter macht (Oder schwerer? Wer die Wahl hat, hat bekanntlich auch die Qual!). Die angenehm familiäre Atmosphäre und der freundliche Service sorgen zusammen mit der Küche für einen ungetrübten Genuß.

(international) 🍽 *(DM 15,- bis 20,-)* 💳 *(keine)* 🪑*(40)* 🍺 *(16)* ✠*(Eimsbüttel)* 🚌*(U2 Lutterothstr.)*

Unter den Linden
Julius Str. 16
22769 Hamburg/Schanzenviertel
Tel. 43 81 40

🕐 täglich: 11⁰⁰ - 1⁰⁰

Spezialität: wechselnde Tageskarte

Das Angebot dieses Cafés ist zu ca. 90% vegetarisch, weil einfach die meisten Mitarbeiter in der Küche Lust haben, fisch- und fleischlos zu kochen. Es ist aber nicht völlig ausgeschlossen, daß auch mal z.B. ein Lachsgericht auf der täglich wechselnden Karte auftaucht. Angenehmerweise gibt es den Mittagstisch bis in die Abendstunden und besonders angenehm genießt man ihn im schnuckeligen kleinen Garten. Ansonsten gibt es jede Menge Frühstück und unglaubliche selbstgemachte Kuchen und Torten.

(international)   (DM 11,- bis 14,-)   (keine)   (58)
(45 im Garten)   (Schanzenviertel)   (U/S-Bahn Sternschanze)

Vitamin Depot
Nedderfeld 70
22529 Hamburg/Lokstedt
Tel. 46 88 18 63

🕐 Mo-Fr: 10⁰⁰ - 20⁰⁰
Sa: 9³⁰ - 16⁰⁰

Spezialität: Backkartoffel mit Kräuterquark

Im Einkaufszentrum Nedderfeld - wahrlich keine Hochburg für vegetarische Genüsse - gibt es einen erfreulichen Lichtblick. Im Erdgeschoß steht das Vitamindepot, eine Salatbar, an der es auch köstliche frisch gepreßte Säfte nach Wahl gibt. Der Salat wird individuell nach Ihren Wünschen zusammengestellt und nach Gewicht abgerechnet. Und soll es etwas deftiger sein, gibt's auch Pellkartoffeln mit Quark oder eine Gemüsefrikadelle - zum Mitnehmen oder für sofort.

(knackig-grün)   (DM 5,- bis 10,-)   (keine)   (12)
(Lokstedt)   (Bus Nedderfeld)   (Parkhaus)

Viva 'l Taco
Glashütten Str. 113
20357 Hamburg/Karolinenviertel
Tel. 4 39 73 75

Mo-Fr: 12³⁰ - 15⁰⁰ und 18⁰⁰ - 24⁰⁰
Sa-So: 18⁰⁰ - 24⁰⁰

Spezialität: Taco mit gemischtem Gemüse

Schon die Vorspeisen entführen Sie ins sonnige Mexiko: Guacamole (Avocadomus), Frijolitos Completos (gebratenes Bohnenmus mit Maischips) oder das Töpfchen mit geschmolzenem Käse mit Zwiebeln und Champignons lassen Hamburgs graue Mauern schnell vergessen. Die Hauptgerichte (etwa jedes dritte ist vegetarisch) bestehen vor allem aus Tacos (Maisfladen) mit verschiedenen Füllungen. Und weil nicht nur die Menschen verschieden sind, sondern auch ihr Appetit variiert, hat man hier die Wahl zwischen verschiedenen Portionsgrößen. Gute Idee!

(mexikanisch) (DM 12,50 bis 28,-) (keine) (100) (Karolinenviertel) (U2 Messehallen / U3 Feldstr.)

Winterhuder Kaffeehaus
Winterhuder Marktplatz 16
22299 Hamburg/Winterhude
Tel. 47 82 00

Mo-Sa: 9⁰⁰ - 24⁰⁰
So: 10⁰⁰ - 24⁰⁰

Spezialität: Rohkosttoast

Unübersehbar mitten auf dem Winterhuder Marktplatz steht der grüne Kaffeehaus-Pavillon. Neben verschiedenen Frühstücksvarianten gibt es auch einige kleine Gerichte, die alle vegetarisch zubereitet werden. Und für „Spieler" ist hier das reinste Paradies. Die große Spielesammlung lädt ein, bei Eis, Kuchen und zahlreichen Kaffeevariationen auch mal um die Rechnung zu würfeln.

(deutsch) (DM 8,90 bis 16,90) (keine) (30) (45) (Winterhude) (U-Bahn Hudtwalcker Straße, Bus 109 Winterhuder Markt)

Yang House China Restaurant
Drehbahn 15
20354 Hamburg/Innenstadt
Tel. 35 60 13 50

täglich: 12⁰⁰ - 15⁰⁰ und 17⁰⁰ - 21⁰⁰

Spezialität: vegetarische Ente (!)

Gegenüber der Staatsoper im Hotel Oper befindet sich dieses chinesische Restaurant, das sich durch seine pikante Küche (Sichuan Art!) auszeichnet. Ob der gedünstete Chinakohl mit Pilzen oder der selbstgemachte gebratene Tofu - hier kommen Sie auf Ihre Kosten. Bei Vorbestellung bekommen Sie Ihr Essen mit allen Sonderwünschen regelrecht zelebriert. Gekocht wird nach dem 4. buddhistischen System und selbst die Messer, die mit Fleisch in Berührung kommen, werden niemals für die vegetarischen Gerichte benutzt. Alle Achtung!

(chinesisch nach Sichuan Art) *(ca. DM 18,-)* *(Amex, Euro-, Master-, Visacard)* *(200)* *(Innenstadt)* *(U-Bahn Stephansplatz / Gänsemarkt)*

Zorba the Buddha
Karolinenstr. 7-9
20357 Hamburg/Karolinenviertel
Tel. 4 39 47 62

Mo-Sa: 12⁰⁰ - 24⁰⁰
So: 11⁰⁰ - 24⁰⁰

Spezialität: Seitan und Tofu

Das „Zorba the Buddha" gehört längst zu den Klassikern unter den vegetarischen Restaurants Hamburgs. Alles wird bei Bestellung frisch zubereitet, kleine Wartezeiten sollten in Kauf genommen werden - es lohnt sich! Die Küche bietet täglich bis 23.30 Uhr über 30 verschiedene vegetarische Speisen. Zusätzlich gibt es immer wieder 4 neue Gerichte auf der wechselnden Wochenkarte. Etliche der angebotenen Gerichte werden sowieso oder auf Wunsch vegan zubereitet. Überraschend gut sortiert präsentiert sich die Weinkarte, deren Weine ausschließlich aus dem kontrolliert biologischen Anbau stammen.

(international vollwertig) *(DM 6,80 bis 26,-)* *(keine)* *(46)* *(26)* *(Karolinenviertel)* *(U-Bahn Feldstraße od. Messehallen)*

Zum alten Rathaus
Börsenbrücke 10
20457 Hamburg/Innenstadt
Tel. 37 51 78 08

Mo-Sa: 11^{30} - 23^{00}
So: Ruhetag

Spezialität: Grünkernbraten an Schnittlauchrahm + Salat

Gegensätze ziehen sich bekanntlich an, so auch in diesem Restaurant. Zumindest der imposante Gewölbesaal läßt eher auf eine deftig-rustikale Küche schließen, aber statt dessen kommt das Essen fein abgestimmt und ganz in neuer, europäischer Manier auf den geschmackvoll eingedeckten Tisch. Die Bestuhlung ist insgesamt auf drei Ebenen verteilt und bietet so auch das perfekte Ambiente für Veranstaltungen aller Art.

(europäisch) (DM 17,- bis 24,-) (Euro-, und Visacard) (NR-Zone) (200) *(Innenstadt)* (U-Bahn Rathausmarkt)

Zum Wattkorn
Tangstedter Landstr. 230
22417 Hamburg/Langenhorn
Tel. 5 20 37 97

Di-So: 12^{00} - 14^{30} und 18^{00} - 21^{50}
Mo: Ruhetag

Spezialität: mit Ziegenfrischkäse gefüllte Ravioli

Lecker, lecker! Neben Salaten und Suppen sind zwar oft nur zwei vegetarische Gerichte auf der normalen Karte, aber dafür so Köstliches wie Ziegenkäse-Ravioli oder Kohlrabi-Spinat-Lasagne. Auf Wunsch und Vorbestellung läßt sich die Auswahl jedoch beliebig erweitern. Mit einer liebevollen Renovierung hat Josef Viehhauser auch optisch ein kleines Juwel geschaffen, das der Küchenchef Gunnar Hinz mit seiner Küche weiter zum Strahlen bringt. Diese exzellente Küche, der schöne Sommergarten, die gepflegte Atmosphäre und der erstklassige Service rechtfertigen auch die gehobenen Preise. Aber was soll's!

(ausgesprochen kreativ) (DM 28,- bis 32,-) (keine) (ca. 80) (ca. 70 auf der Terrasse) *(Langenhorn)* (U-Bahn Langenhorn Nord) (Ja)

Vegetarisch fit!
Magazin für bewußtes Essen & Leben

*Die süßesten Kirschen
fressen nur die großen Tiere –
weil die Tiere groß sind und
die Bäume hoch sind ...*

Vegetarisch fit!
*mit leckeren Rezepten
und tollen Themen rund
um Umwelt- und Tierschutz
sowie Gesundheit,
Wellness und Ernährung
gibt's für alle!*

Ich möchte:
- ❏ Vegetarisch fit! kennenlernen und die aktuelle Ausgabe zum Preis von 6,90 DM einmalig zugesandt bekommen. *VF EX 03*
- ❏ ein Vegetarisch fit!-Probe-Abo für drei Monate zum Vorzugspreis von 15,- DM. *VF EX 02*
  Wenn ich nach Erhalt der dritten Ausgabe das Probe-Abo nicht kündige, verlängert es sich automatisch zum Jahres-Abo.
- ❏ Vegetarisch fit! zum Vorzugs-Abonnement-Preis von 70,80 DM für 12 Ausgaben im Jahr, ab Ausgabe .... bestellen. *VF EX 01*

....
Datum/Unterschrift

Widerrufs-Garantie für Jahres-Abo-Bestellungen: Der neue Abonnent kann seine Bestellung innerhalb von 10 Tagen beim Abo-Vertriebsservice schriftlich widerrufen. Rechtzeitige Absendung (Poststempel) des Widerrufs genügt. Mit seiner zweiten Unterschrift nimmt er dieses Widerrufsrecht zur Kenntnis. Das Abonnement verlängert sich nur dann um ein Jahr, wenn es nicht 6 Wochen vor Ablauf gekündigt wird.

....
Datum/2.Unterschrift

Meine Anschrift lautet:

Name, Vorname

Straße und Hausnummer

PLZ und Ort   SA 10

Bestelladresse:

Abo-Service HCM Verlag
Postfach 810640
70523 Stuttgart
Tel.: 0711-7252-198
Fax: 0711-7252-333

Bergedorfer Gourmet Service
Oberer Landweg 100
21035 Hamburg/Bergedorf
Tel. 7 35 33 45

Liefergebiete: **Großraum Hamburg**

Spezialitäten: kalte und warme Snacks/Fingerfood

Bergedorf gehört auch nicht gerade zu den Regionen ausgelassener vegetarischer Sinnesfreuden. Um so besser, daß sich das engagierte Team von BerGourmet der wachsenden Anzahl von Nachfragen nicht verschlossen hat.

Die anspruchsvolle und ideenreiche Küche wartet mit einem teilvegetarischen Angebot auf, das nicht nur international ausgerichtet ist, sondern auch bezahlbar bleibt. Ein umfangreicher Prospekt ist vorhanden. Wer dort nicht fündig wird, sollte den individuellen Beratungsservice in Anspruch nehmen; dann sollte eigentlich kein Kundenwunsch offen bleiben.

⏱ (Bestellzeiten Mo-Fr 8-17, sonst Anrufbeantworter, Lieferung nach Absprache) 👨‍🍳 (international)

Buffet & Menü
Kirchdorfer Straße 169
21109 Hamburg
Tel. 7 50 90 12

Liefergebiete: **Großraum Hamburg + Seevetal**

Spezialitäten: Antipasti Buffet

Das Restaurant Sohre, zu dem dieser Partyservice gehört, hat zwar kein vegetarisches Angebot à la carte, aber selbstverständlich ist vieles à la minute möglich. Im Außer-Haus Geschäft wird international gekocht, mit einem Schwerpunkt auf italienischer und asiatischer Küche. Kalte und warme Buffets werden für Veranstaltungen jeglicher Art von 5 bis ca. 100 Personen angeboten, eine Vorlaufzeit von ungefähr 14 Tagen sollte eingeplant werden. Und dann ist sowohl ein vollvegetarisches Menü als auch ein teilvegetarisches Buffet möglich.

⏱ (Bestell- und Lieferzeiten rund um die Uhr) 👨‍🍳 (international-italienisch-asiatisch)

Café Gut Drauf
Hein-Hoyer-Str. 23
20539 Hamburg/St.Pauli
Tel. 31 65 03

Liefergebiete: **Großraum Hamburg**

Spezialitäten: Gemüsecurry a la "Gut Drauf"

Dieses Café auf dem Kiez bietet einen teilvegetarischen Partyservice mit allerlei Spezialitäten. Zwei der angebotenen Buffets sind speziell vegetarisch und vollwertig konzipiert, die Zutaten aus kontrolliert biologischem Anbau. Außerdem werden vegetarische Köstlichkeiten der asiatischen, nordafrikanischen, karibischen und Südstaatenküche à la carte angeboten.

Ein Schwerpunkt der Aktivitäten liegt im Filmcatering. Vermietung von Geschirr, Mobiliar und Zelten und der Einsatz von eigenem Servicepersonal ist möglich, es steht sogar eine Mobilküche zum Einsatz vor Ort bereit. Darüber hinaus kann man die Köche auch als Mietköche für das Kochen zuhause engagieren.

(Bestell- und Lieferzeiten rund um die Uhr) *(international)*

Wir liefern auch vegetarische Buffets für Ihre Veranstaltung.

tägl. 18.00 bis 2.00 Uhr   Küche. bis 24.00 Uhr
Clemens-Schultz-Str. 52   20359 Hamburg - St. Pauli
Tel. u. Fax: 040 - 319 64 00
Weitere Infos über uns siehe auch Artikel in diesem Buch!

PARTYSERVICES & LIEFERDIENSTE

Carpo's Catering
St. Petersburgerstr. 22
20355 Hamburg
Tel. 35 36 08

Liefergebiete: **Großraum Hamburg**

Spezialitäten: gefüllte Champignons in diversen Varianten

Das Café Seeterrassen, die einmalige Location am großen Teich in Planten un Blomen hat - und das ist entscheidend - ein neues Management: Das Team von Carpo's Catering, das im Film- und Fotocatering vegetarische Speisen seit langem als festen Bestandteil im Angebot hat. Selbstverständlich für jede private und geschäftliche Veranstaltungen buchbar, entweder im Café mit seinen diversen Räumen und Terrassen oder überall in Hamburg. Das vegetarisch orientierte Restaurant ist übrigens in der Planung. Lassen wir uns überraschen.

(Bestell- und Lieferzeiten rund um die Uhr) *(international)*

Chico's Partyservice GmbH
Haferweg 5 a
22769 Hamburg
Tel. 8 50 10 01

Liefergebiete: **bundesweit**

Spezialitäten: internationale Fingerfood Spezialitäten

Temperamentvoll und ideenreich, das ist Chico's. Vom Konzept Ihrer Veranstaltung über das Entertainment bis hin zum Partyzelt kann man hier alles aus einer Hand bekommen. Serviceorientierung, Zuverlässigkeit und phantasievolle, internationale Küche lassen keinen Wunsch offen und sind Garant für die Zufriedenheit Ihrer Gäste. Und die vegetarischen Gerichte aus allen Kulturkreisen lassen auf jeden Fall kosmopolitisches Flair aufkommen.

(Bestell- und Lieferzeiten rund um die Uhr) *(international)*

China Lieferservice
Haubachstr. 14
22765 Hamburg
Tel. 38 61 11 35/36

Liefergebiete: **auf Anfrage**

Spezialitäten: vielseitige, kreative Antipasti

Das eigentliche vegetarische Angebot umfaßt zwar nur 4 Gerichte (u.a. die buddhistische Fastenspeise). Mit den vegetarischen Reis- und Nudelgerichten, den Vorspeisen und Desserts ist das Angebot aber vielseitig genug, um von uns nicht ignoriert werden zu können. Geliefert wird auch täglich ein vegetarischer Mittagstisch für nur DM 9,90, wobei der Mindestbestellwert bei DM 15,- liegt. Ideal also ab 2 Personen oder für den ganz großen Hunger.

(täglich von 11-23 Uhr) *(chinesisch)*

Chico's

P A R T Y - S E R V I C E

Wir machen Unmögliches möglich!

- ◆ Full-Service-Programme für Firmenempfänge Geschäftseröffnungen, Vernissagen,
- ◆ Hochzeiten, Geburtstage u. Privatfeiern, auch mit Personal und kompl. Festzubehör
- ◆ Party- und VIP-Zelte, Cocktailparty
- ◆ eigene Veranstaltungs-Räumlichkeiten
- ◆ Dekorationen und Veranstaltungsprogramme
- ◆ Snack-Buffets, Fingerfood, Canapés
- ◆ Events-Planung, Messe-Catering, Seminare
- ◆ Euroasiatische Buffets u. karibische Programme
- ◆ Inventarverleih, Diskjockeys, Bands
- ◆ SUSHI Bar, USA Programme

Kostenlose Kundenbesuche

Chico's Party-Service GmbH
Haferweg 5 a • 22769 Hamburg

0 40 / 8 50 10 01-2

Fax 0 40 / 85 87 11

Der kleine Gastronom
Moorhof 11
22399 Hamburg
Tel. 6 02 50 55

Liefergebiete: **Großraum Hamburg**

Spezialitäten: hausgemachte Pappardelle in Steinpilzsauce

Der Partyservice des gleichnamigen Restaurants schöpft richtig aus dem Vollen. Hier hat man sich auf selbstgemachte Speisen spezialisiert, deren Zutaten zumeist aus Bioanbau stammen: gemischte Antipasti, Polenta, sämtliche Nudelarten, Salate, Gemüse, Kürbisrahmsuppe und überbackene Käserösti mit Gemüse gefüllt. Als Exoten kommen Gerichte mit Fideleheads (schmeckt ähnlich wie Spargel, kommt aus Canada), Topinambur (Erdartischocken), Romanesco (sieht aus wie Blumenkohl, schmeckt wie Mischung aus Broccoli und Blumenkohl) zum Einsatz. Das macht doch neugierig und/oder hungrig, nicht wahr?

(tägl. 12-23 Uhr, Lieferzeiten nach Absprache. Montags ist das Restaurant geschlossen, es läuft jedoch ein Anrufbeantworter) (international)

Die Kochkunst
Jevenstedter Str. 139
22547 Hamburg/Hoheluft
Tel. 84 59 05

Liefergebiete: **warm Hamburg, kalt bundesweit**

Spezialitäten: Makrobiotik-Catering

Frau Meyers vegetarischer Partyservice basiert auf den Grundsätzen makrobiotischer Ernährung. Veranstaltungen mit maximal 250 Personen sind für sie die ideale Größenordnung. Durch einen eigenen Imbißwagen besteht auch die Möglichkeit, ihre köstlichen Spezilititäten mobil zu genießen. Bestellungen sollten, je nach Umfang, mindestens 2 Tage vorher gemacht werden, da allein der Einkauf der Zutaten doch etwas Zeit in Anspruch nimmt. Unter Umständen ist Frau Meyer auch als Mietköchin engagierbar. Man erreicht sie außer über das Telefon auch online unter http:www.one-world.de-meyer_hamburg .

(Bestell- und Lieferzeiten rund um die Uhr) (makrobiotisch)

Die Kochlust
Friedensallee 61
22763 Hamburg/Ottensen
Tel. 3 90 80 56

Liefergebiete: **Hamburg und Umgebung**

Spezialitäten: leichte & moderne Buffets & Fingerfood

Dieser Komplettanbieter in Sachen Partyservice liefert Ihnen neben den exzellenten Erzeugnissen seiner Küche auch Geschirr, Equipment, Servicepersonal und vermittelt auch diverse Räumlichkeiten wie z.B. die "Hochzeitsvilla" in Halstenbek. Und wer sich von der Küche im Vorfeld konkret überzeugen möchte, hat´s leicht. Der Partyservice gehört nämlich zum Restaurant Martin´s, das mit seinen gewischten Wänden und der freundlichen Holzausstattung zum gemütlichen Ausprobieren der Kochkünste animiert.

(Mo-Fr 9-18 Uhr, sonst Anrufbeantworter) *(von asiatisch bis typisch norddeutsch)*

PARTYSERVICES & LIEFERDIENSTE

Essen für Kinder
Warnstedtstr. 8
22525 Hamburg
Tel. 54 42 42

Liefergebiete: **Großraum Hamburg**

Spezialitäten: Rohkost

Seit über 10 Jahren werden Kindergruppen, Tagesstätten und Schulen nicht nur täglich mit verschiedenen Vollwertmenüs beliefert, das heiß geliefete Essen ist auch grundsätzlich vegetarisch. Fleisch oder Fisch muß extra bestellt (und bezahlt) werden. Nach Möglichkeit und Jahreszeit kommen dabei bevorzugt Produkte aus dem kontrolliert biologischen Anbau (kbA) auf den Kinderteller. Das Gemüse wird gedünstet und nicht gekocht, es wird viel Rohkost angeboten und keinerlei Instantprodukte verwendet. Für Kinder mit Nahrungsmittelunverträglichkeiten gibt es auch verschiedene Diätvarianten.

(Mo-Fr 8-19.30)   *(deutsch-international)*

Worthington
hochwertig – vegetarisch oder vegan

Stellen Sie sich vor, Sie essen vegetarisch und man beneidet Sie!

- Super Links
- Choplets (vegan)
- Big Franks (vegan)
- Skallops (vegan)
- FriChik
- Turkee Slices
- Tender Bits (vegan)
- Chili (vegan)

Für Gastronomie und Wiederverkäufer besondere Konditionen

Informationen, Preisliste und Probierpaket gibt es bei:

VEGA-Vital-Kost

Gerda Pallaschke	Tel:	04542 / 84 39 10
Am Kanal 1	Handy:	0171 / 920 31 36
23896 Hammer	Fax:	04542 / 84 39 96

**Giffey und Sölter GmbH
Rahlstedter Bahnhofsstr. 58
22149 Hamburg
Tel. 6 75 65 20**

Liefergebiete: **Norddeutschland**

Spezialitäten: asiatische vegetarische Küche

Hier wird international gekocht. Denn da hier japanische, türkische, ägyptische, nordamerikanische und skandinavische Köche am Herd stehen, schlägt sich dies natürlich auf die Auswahl der Spezialitäten nieder. Die warmen und kalten Speisen werden nicht nur zum Veranstaltungsort geliefert. Auch die Zubereitung vor Ort mit dem dazugehörigen Unterhaltungswert gehört in das Angebot von Giffey & Sölter. Außerdem gibt es ein großes Angebot an Geschirr und Mobiliar, das bei Bedarf angemietet werden kann. Außergewöhnliche Veranstaltungsräume, wie z.B. ein Bordeauxweinkeller oder eine Windmühle werden ebenfalls vermittelt.

⏱ *(rund um die Uhr)* 👨‍🍳 *(wahrhaft international)*

**Gourmet Service
Groß Hove 2
21635 Jork
Tel. (0 41 62) 9 14 40**

Liefergebiete: **bundesweit**

Spezialitäten: kreative Küche

Der Gourmet Service von Frau Wehmann bietet alles, was man sich nur wünschen kann: ein traumhaftes Bauernhaus vor den Toren Hamburgs, das für Veranstaltungen vermietet wird, eine engagierte Küche, Kochkurse, eigene Veranstaltungen und Seminare. Sicherlich ein Geheimtip für jeden, der den Weg ins Alte Land findet. Der angeschlossene Partyservice ist bundesweit tätig und liefert kreative vegetarische und teilvegetarische Buffets, die nach den Wünschen der Gastgeber zusammengestellt werden. Die Küche ist international, die Speisen werden nach authentischen Rezepten zusammengestellt. Und fast alle angebotenen Speisen stammen aus eigener Herstellung: vom Brot bis zum Currypulver.

(Mo-Fr 9-12 u.n. Vereinbarung) *(international)*

IRINA WEHMANN
GOURMET-SERVICE
FESTE PURER SINNLICHKEIT UND LEBENSFREUDE

Die pure Lust am Kochen verleiht unserer Phantasie immer wieder Flügel.

Für uns hat Kochen noch immer ganz viel mit Sinnlichkeit und Liebe zum Detail zu tun.

Uns ist kein Weg zu weit, wenn es darum geht, die besten Zutaten zu beschaffen.

Veranstaltungen Catering Räumlichkeiten Kochschule Hotel

Groß Hove 2 • 21635 Jork
Tel. (04162) 91 44 0 • Fax (04162) 56 55

Gourmetro
Spaldingstr. 64
20097 Hamburg/Innenstadt
Tel. 23 46 66

Liefergebiete: **bundesweit**

Spezialitäten: Vitamines - for - Fun - Buffet

Die fleisch- und fischlose Zubereitung ist bei Gourmetro zu einer alltäglichen Selbstverständlichkeit geworden. Im regelmäßigen Firmen- und Filmcatering stellt der Anteil der vegetarischen Speisen sowieso schon 25 % dar. Davon profitiert natürlich jeder, der eine Feier plant: Vom Konzept über Ortstermine bis hin zu interessanten Locations + mietbarem Inventar liefert Gourmetro alles, was für eine gute Feier benötigt wird. Vor allem aber wird gekocht: Frische Küche aus aller Welt ab 5 Personen, warm/kalte Buffets, aber auf Wunsch auch Menüs (gesetzte Essen) für 5000 Gäste mit allem drum und dran.

⏲ *(rund um die Uhr)*   👨‍🍳 *(international)*

GOURMETRO
VIP-CATERING
Stefan & Korinna Pagels

Ideen für Gourmets
Feine frische Küche aus aller Welt.
Von rustikal bis elegant.
Vom festlichen Menu bis zum Buffet.
Für 20 bis 2.000 Gäste.

Alles für die Party
Für private und offizielle Anlässe.
Für Jubiläen, Hochzeiten und Taufen,
Präsentationen, Tagungen und Messen.
Für Gala und Ball,
Familienfest und Garden-Party.

Komplett aus einer Hand
Cocktailbars, Mobilküchen und Buffets.
Zelte, Schirme und Überdachungen.
Geschirr, Möbel und Dekoration,
Bühne und Show, Licht und Ton.
Und natürlich erfahrenes Personal.

Spaldingstraße 64 · 20097 Hamburg
Telefon 040 / 234 666

Guter Wein!
Lehmweg 26
20251 Hamburg/Eppendorf
Tel. 42 91 38 55

Liefergebiete: **Hamburg und Umgebung**

Spezialitäten: Buchweizen-Blinis mit Ratatouille

Mit diesem Partyservice liegen Sie voll im Trend. Denn er bietet vegetarische internationale euro-asiatische Küche, die zur Zeit Furore macht. Oder mögen Sie es lieber französisch? Wie wär´s mit Gemüse-Beignets auf Kräuter-Schaum? Kein Problem! Genausowenig wie ein rein italienisches Buffet. Gekocht wird vor Ort, auch warmes Fingerfood. Und auch sonst wird ein Rundum-Service geboten. Hier kümmert man sich von der Location übers Ambiente bis zum Personal und den Getränken.

⏲ *(rund um die Uhr)* 👨‍🍳 *(international, euro-asiatisch)*

Pütter oHG/Anglo-German Club
Harvestehuder Weg 44
20149 Hamburg
Tel. 4 50 15 50

Liefergebiete: **Norddeutschland**

Spezialitäten: Reisgerichte und Gemüsekoteletts

Der Anglo-German Club wurde im Juni 1948 gegründet, um die durch den Krieg arg gestörten britisch-deutschen Beziehungen zu verbessern. Bedingt durch die damaligen britischen Kolonien in Asien gab es dort frühzeitig ein vegetarisches Angebot. In den letzten fast 30 Jahren wurde es durch die Familie Pütter ständig weiterentwickelt. Heutzutage gehören die Köstlichkeiten der europäischen und asiatischen Küche zum normalen Repertoire dieses Traditionshauses. Diese kann man nicht nur zu Haus genießen; unter welchen Umständen man die gediegenen Räume des Clubs nutzen kann, sollte aber mit Herrn Pütter besprochen werden.

⏲ *(Mo-Fr 9-18, sonst Anrufbeantworter)* 👨‍🍳 *(europäisch - asiatisch)*

Hathi
Bargteheider Str. 114
22143 Hamburg
Tel. 6 77 33 28

Liefergebiete: **Norddeutschland**

Spezialitäten: Chana Dal

Dieses indische Restaurant in Rahlstedt, selbstverständlich landestypisch eingerichtet, betreibt einen exzellenten Partyservice für Hamburg und das nördliche Umland. Die gewürzintensive nordindische Küche, die eher Fladenbrot als Reisgerichte bevorzugt und gemäßigt scharf ist, bietet selbstgemachte Chana Dal (linsenartiges Gemüse), Gerichte mit Okra-Schoten (sieht aus wie eckige Peperoni) und ein reichhaltiges Angebot an süß-sauren Saucen aus selbstgemachtem Käse. Genau das richtige, wenn Ihnen mal der Sinn nach Exotischem steht ...

(rund um die Uhr) *(indisch)*

Hei Nun China Food Service
Lange Reihe 2
20099 Hamburg
Tel. 28 40 72 - 0

Liefergebiete: **Altona, Altstadt, Bahrenfeld, Barmbek, Borgfelde, Eilbek, Eppendorf, Eimsbüttel, Hamm, Harvestehude, Hohenfelde, Ottensen, St. Georg, St.Pauli, Uhlenhorst, Winterhude**

Spezialitäten: scharfe Gemüsepfanne

Mit dem Werbespruch „Wir setzen Maßstäbchen" ist eigentlich alles gesagt. Das Essen ist so gut, daß es bedauerlich ist, daß die vegetarische Auswahl an Hauptgerichten (von der buddhistischen Fastenspeise über die scharfe Gemüsepfanne bis zum Bratreis) nur 7 Gerichte umfaßt. Zum Ausgleich gibt es dafür noch einige vegetarische Vorspeisen (z.B. 5 kleine Frühlingsrollen für nur DM 4,00) und - für alle Leckermäulchen unter uns - eine gigantische Auswahl an Häagen-Dasz Eiskrem! Man gönnt sich ja sonst nichts.

(Mo-Fr 11-14+17.30-22, Sa 17-22, So 12-14+16.30-22)

Kat´s Kitchen
Langbehnstraße 8
22761 Hamburg
Tel. 89 96 35 43

Liefergebiete: **Hamburg, Nord-Niedersachsen, Süd-Schleswig-Holstein**

Spezialitäten: 5-Elemente-Küche chin. Ernährungslehre

Dieser Partyservice mit seinem hausgebackenen Brot, knackigen Gemüse, fruchtigen Desserts und ausgesuchten Spezialitäten arbeitet schnell, kreativ, flexibel und zuverlässig. Mindestens 2/3 des Angebots sind sowieso vegetarisch und auf Wunsch wird auch vollwertig gekocht (Lassen Sie sich überraschen, wie köstlich Vollwertküche sein kann!). Egal welcher Anlaß, ob für 15 oder 500 Gäste - hier wird nicht nur gekocht, hier hilft man Ihnen auch mit Geschirr, Getränken, Musik, Räumlichkeiten und allem, was Sie sonst zum Feiern brauchen.

(täglich rund um die Uhr) *(international)*

KP Catering Service
Alter Zirkusplatz 13
22880 Wedel
Tel. (0 41 03) 1 45 00

Liefergebiete: **Großraum Hamburg**

Spezialitäten: vielseitige, kreative Antipasti

Kai Picht sorgt mit seinen Mitarbeitern für die Erfüllung kulinarischer Träume, denn hier ist der Kunde wirklich König und darf sich wünschen, was er will. Heraus kommt in der Regel eine witzige internationale Multi-Kulti Küche, die verschiedenes Fingerfood genauso umfaßt wie italienische und thailändische Spezialitäten, den Rotkohl á la Oma oder auch ein veganes Menu. Außerdem wird auf Wunsch ein Komplettservice mit Geschirr, Möbeln, Zelten, Unterhaltungsprogramm, Servicepersonal und Location-Vermittlung geboten.

🕐 *(täglich rund um die Uhr)* 👨‍🍳 *(international-asiatisch)*

La Fattoria
Isestr. 16
20144 Hamburg/Hoheluft
Tel. 4 20 02 55

Liefergebiete: **Großraum Hamburg**

Spezialitäten: vielseitige, kreative Antipasti

Wer einen Partyservice braucht und ein wirklich erstklassiges Angebot sucht, der sollte unbedingt im La Fattoria vorbeischauen und sich dort beraten lassen. Hier sind nicht nur die auf Wunsch komplett vegetarisch zubereiteten Speisen ein Gedicht (die Antipasti gehören zu den besten, die wir je gegessen haben!), auch die Weinauswahl sucht ihresgleichen. Denn Wein ist das persönliche Steckenpferd des Padrone Cannavale. Der stammt aus Sorrent und bezieht immer noch viele seiner geheimnisvollen Zutaten direkt von zu Hause. Sollte Ihnen Ihr Fest besonders am Herzen liegen, sind Sie hier ganz sicher richtig!

(Di-Fr 10-18.30 u.n. Vereinbarung) *(international-italienisch)*
(AE, Eurocard) *(30)* *(U3-Hoheluft)*

La Fattoria

EPOCA Handelsgesellschaft mbH
Isestraße 16 • 20144 Hamburg • Telefon: 040/420 02 55
Tagesrestaurant • Partyservice • Antiquitäten

Löwenzahn Veg.-Delikatessen
Bekassinenau 35 a
22147 Hamburg
Tel. 6 47 47 73

Liefergebiete: **Norddeutschland**

Spezialitäten: Gemüsequiche, Antipasti

Der Partyservice Löwenzahn besteht schon seit 1990 und gehört damit zu den Vorreitern der vegetarischen Lieferdienste in Hamburg. Im Osten Hamburgs gelegen, der nicht gerade zu den Hochburgen vegetarischer Ernährung zählt, erhält man liebevoll zubereite vollvegetarische Speisen, deren Zutaten größtenteils aus biologischem Anbau stammen. Ein kleines Steh-Bistro ist angeschlossen. Dort hat man die Gelegenheit, sich inspirieren zu lassen und leckere Kleinigkeiten sofort zu probieren (falls man zufällig gerade in Farmsen unterwegs ist...) Der Partyservice bietet zusätzlich die Vermietung von Geschirr und die Vermittlung von Servicepersonal an.

(Mo-Fr 8-18, Sa 8-13)

Lufthansa Party Service
Sportallee 72a
22335 Hamburg
Tel. 50 70 32 27

Liefergebiete: **bundesweit**

Spezialitäten: internationale Spezialitäten

Seit über 25 Jahren ist der Lufthansa Partyservice tätig. Sein einheitliches Erscheinungsbild, das geschulte Servicepersonal und gleichbleibende Qualität auf hohem Niveau macht ihn bundesweit zum idealen Partner für mittlere bis große Veranstaltungen. Beliefert werden Veranstaltungen ab 50 Personen, ein 14-tägiger Vorlauf ist wünschenswert.

Das vegetarische Angebot orientiert sich an internationaler Küche und deckt ein Spektrum vom Fingerfood bis zum mehrgängigen warm/kalten Buffet ab.

(täglich rund um die Uhr) *(international)*

Mahlzeit
Gudrunstraße 66
22559 Hamburg
Tel. 8 11 97 04

Liefergebiete: **bundesweit**

Spezialitäten: Piroggen, Buttermilchterrine, Ricottaklöße

Als Mietköchin kommt Frau Müller-Reymann ins Haus und kocht mit oder für die Gäste. Gerade das gemeinsame Kochen, gern auch zu einem bestimmten Thema, macht allen Beteiligten immer einen Riesenspaß. Ihr Schwerpunkt liegt auf einem saisonalen Angebot aus frischen Zutaten der "normalen" Küche. Sie selbst liebt Kartoffeln und alles, was man daraus machen kann. Ansonsten richtet sich das Angebot selbstverständlich nach den Kundenwünschen. Sie bietet als Full-Service ebenfalls ein Miet- und Unterhaltungsprogramm.

(täglich rund um die Uhr) *(saisonal)*

Mike´s Sandwich Market
Gänsemarkt 36
20254 Hamburg
Tel. 34 20 28

Liefergebiete: **per Kurier auf Kosten des Kunden in ganz Hamburg**

Spezialitäten: Sandwiches

Auf dem Bestellzettel ist das vegetarische Angebot zwar nicht besonders groß (Sandwich mit Tomaten u. Mozzarella, Farm-Ei mit Tomate, Frischkäse mit Gurke etc.), aber die Herrschaften glänzen durch Flexibilität. Auf Wunsch kann man (fast) alles auch ohne Fleisch, Fisch oder Wurst haben. Und dann wird es entweder per Kurier (auf Kosten des Bestellers) geschickt oder Sie können es selbst abholen. Und wenn schon belegte Brote, dann gern vom Sandwich Market, denn die sind wirklich lecker.

(Mo-Fr 7-20, Sa 8-16)

Die beste Hilfe ist, sich selbst zu helfen

Hinz & Kunzt – eine Zeitung gegen Obdachlosigkeit

Sie interessieren sich für Sozialreportagen, für Menschen, die sich in der Stadt engagieren, für witzige Alltagsgeschichten und Hamburgensien?

Sie wollen wissen, was in Hamburgs Kulturszene los ist und was Obdachlose zu sagen haben?

Dann lesen Sie mit Sicherheit schon Hinz & Kunzt – das Hamburger Straßenmagazin. Verkauft wird die Zeitung von Wohnungslosen und ehemaligen Wohnungslosen ausschließlich auf der Straße.

Der Verkaufspreis beträgt 2,30 Mark; davon ist 1,20 Mark für den Verkäufer. Mit dem Geld gewinnen sie neues Selbstbewußtsein. Und durch den Verkauf auf der Straße kommen sie in Kontakt mit Menschen, die vorher auf sie herabgesehen haben. Das funktioniert deshalb so gut, weil Hinz & Künztler etwas zu bieten haben.

Hinz Kunzt
DAS HAMBURGER STRASSENMAGAZIN

Gemeinnützige Verlags- und Vertriebsgesellschaft mbH
Gründungsjahr: 1993
Curienstraße 8 · 20095 Hamburg
Tel: (040) 321 08 311
Fax: (040) 303 99 638
Erscheinungsweise: monatlich

FOTO: CLIVE SHIRLEY/SIGNUM FOTOGRAFIE

Orientalischer Party-Service
Ahrensburger Str. 87
22041 Hamburg/Wandsbek
Tel. 6 56 74 26

Liefergebiete: **Großraum Hamburg**

Spezialitäten: gefüllte Feigen mit Sahne gebacken

Wie der Name schon sagt, kommt hier die nahöstliche Küche zum Einsatz. Aber eigentlich handelt es sich um ein Lebensmittelgeschäft mit Spezialitäten aus südlichen Ländern, mit exotischen Gewürzen und einem Angebot, das vorwiegend aus kontrolliert biologischem Anbau stammt. Der an das Geschäft angeschlossene Partyservice liefert türkische Speisen von allerlei Teigwaren bis zu lecker gefüllten Gemüsetaschen, diverse Salate, Cremes und Brotaufstriche. Zum Glück nicht nur in Wandsbek, sondern im ganzen Raum Hamburg.

(Mo-Fr 7-19, Sa+So rund um die Uhr) *(türkisch-orientalisch)*

Panda Imbiß
Rentzelstr. 14
20146 Hamburg
Tel. 44 36 22

Liefergebiete: **Großraum Hamburg**

Spezialitäten: scharfes Gemüse

Der Panda Imbiß bietet neben dem normalen Imbiß Betrieb auch einen chinesischen Lieferservice, dessen Suppen und Vorspeisen alle vegetarisch sind. Und zusätzlich bietet er immerhin neben 25 Hauptgerichten mit Huhn, Ente, Schwein oder Fisch auch 11 vegetarische Hauptgerichte. Ab DM 15,00 und bis 1km wird frei Haus geliefert, ab 1 km kostet es DM 2,00 pauschal. Bei Bestellungen über DM 100,- gibt´s eine Flasche chinesischen Wein extra! (Ob man will oder nicht.)

(Mo-Do 12-22, Fr 12-23, Sa 13-23, So 15-22) *(chinesisch)*

Tafelfreuden
Farmsener Landstr. 73
22359 Hamburg
Tel. 6 44 02 30

Liefergebiete: **Großraum Hamburg**

Spezialitäten: Antipasti, Quiches, Gemüsetartes

Das Team von Tafelfreuden legt besonderen Wert auf frische, der Jahreszeit angepaßte Produkte aus ökologischem Anbau. Daß dies ernst gemeint ist, zeigt sich beim Einkauf. Alle ihre Lieferanten haben das Zertifikat für ökologisch erzeugte Lebensmitel nach EG-Richtlinien. Neben dem normalen Partyservice (das Essen kommt fertig ins Haus) können auch Mietköche (das Essen wird bei Ihnen frisch zubereitet) gebucht werden. Eine Woche Vorlauf ist wünschenswert, gut Ding will Weile haben... Aber egal, wofür Sie sich entscheiden, Ihre Gäste werden begeistert sein.

⏲ *(rund um die Uhr)* 👨‍🍳 *(saisonal-regional)*

WACKELPETER
Ökologisches Essen für Kinder

Der Lieferservice für Kindergärten

– Prospekt gefällig?
Wir freuen uns auf Ihren Anruf!

Tel. 040 - 64 41 25 34
und 64 41 25 33
Fax 040 - 644 02 65

Tafelfreuden
Veranstaltungs- und Partyservice
mit Produkten aus Ökologischem Anbau

Ein paar Appetithäppchen
gefällig?

**Fordern Sie
unseren Prospekt an!**

Tel. 040 - 644 02 30
Fax 040 - 644 02 65

Farmsener Landstraße 73 • 22359 Hamburg

The Catering Company
Weidenstieg 4
20259 Hamburg
Tel. 40 19 52 20

Liefergebiete: **Norddeutschland**

Spezialitäten: Fingerfood

The Catering Company bietet allein 10 vegetarische Buffets im Standardprogramm an, die ständig ausgebaut werden. Sonderwünsche („Ich liebe Avocado!"), die die Kreativität und das Engagement dieses Teams herausfordern, werden aber gern berücksichtigt. Hier reagiert man schnell und flexibel. Eine Besonderheit stellt das Catering für Kinderfeste (Kids'Club) dar. Wer also vegetarische Geburtstage, Versetzungen oder frühe Hollywooderfolge zu feiern hat, ist hier bestens aufgehoben. À propos Hollywood: Filmcatering gehört genauso ins Programm wie Mittagstischservice für die Gastronomie. Veranstaltungen von 8 bis 2000 Personen können auf ein Miet- und Serviceangebot zurückgreifen, das auch die Vermittlung interessanter Locations einschließt.

Sushi & Co.
Beim Schlump 30
20144 Hamburg
Tel. 45 82 12

Liefergebiete: **Großraum Hamburg**

Spezialitäten: vegetarisches Sushi-Menü

Wer glaubt, daß Sushi ohne Fisch kein Sushi ist, kann sich hier eines Besseren belehren lassen, denn hier wird vegetarische Sushi-Vielfalt praktiziert: Neben verschiedenen vegetarischen Vorspeisen gibt es Nigiri mit grünem Spargel, Prinzess-Bohnen, Shiitakepilzen oder Zuckerschoten und Maki mit Gurke, japanischem Rettich, Kürbis, Shiitakepilzen, Avocado oder Karotten. Und die große California Roll mit Mozzarella, Avocado und Mayonaise schmeckt einfach Sushi! Egal, ob Sie den Liefer- oder den Partyservice in Anspruch nehmen, sicher ist, es schmeckt

⏲ *(Mo-Fr 11-14+17.30-22.30, Fr 12-23, Sa+So 17.30-22.30)*

👨‍🍳 *(chinesisch)*

Vegetarische Genüsse
Perlbergweg 28
22393 Hamburg
Tel. 60 09 69 34

Liefergebiete: **Hamburg, Nord-Niedersachsen, Süd-Schleswig-Holstein**

Spezialitäten: Nudelrolle, gefüllt mit Spinat, Kürbis und Ricotta in Salbeibutter

Als rein vegetarische Mietköchin kommt Frau Schattauer zu Ihnen ins (Seminar-)Haus und bereitet Menüs, Buffets, Kuchen und Desserts für 2 bis 50 Personen zu - von festlich bis rustikal. Ihr Angebot reicht von international angehauchter regionaler bis zur rein italienischen oder orientalischen Küche. Gern erfüllt sie auch Sonderwünsche wie das Kochen ohne Milch- und Eierprodukte. Auf Wunsch liefert sie auch Musik und die passende Dekoration, da Essen für sie ein Fest für alle Sinne is(s)t.

⏲ *(rund um die Uhr)* 👨‍🍳 *(international-regional)*

Sesam-Schupfnudeln in Meerettichsauce

Rezept siehe Seite 152

VEGA-FROST
Am Kanal 1
23896 Hammer
Tel. (0 45 42) 84 39 10

Liefergebiete: **Großraum Hamburg**

Spezialitäten: Vielfalt

Tiefkühlprodukte gehören ja schon lange zum täglichen Leben der meisten Menschen im Lande. Dennoch ist das Angebot von Vega-Frost in der Tat bemerkenswert. So gibt es hier ausschließlich vegetarische Fleischersatzprodukte der Spitzenklasse. Dazu gehören u.a. vegetarisches Hack, Schnitzel, Cordon Bleu, Grillburger Schnittwurst, Curryschnitzel, Frikadellen u.v.m. Aber das Tollste ist, daß Sie sich diese Leckereien durch den firmeneigenen Lieferservice einfach ins Haus bringen lassen können - ab 3 kg Bestellmenge sogar frei Haus. (Dabei gibt es für die Gastronomie und alle Wiederverkäufer besondere Konditionen.)

⏲ *(rund um die Uhr)*   👨‍🍳 *(international)*

Vegetarisch – mal ganz anders!
Vegetarische Tiefkühlkost der Extraklasse

Just Natural

Stellen Sie sich vor, Sie essen vegetarisch und man merkt es nicht!

- veg. Schnittwurst
- veg. Hack
- veg. Schnitzel
- veg. Cordon-Bleu
- veg. Grillburger
- veg. Curryschnitzel

- veg. Gärtnerin
- veg. Frikadelle
- veg. Pizzaschnitzel
- veg. Maisburger
- veg. Chicken-Style
- veg. Beef-Style

Ab 3 kg Bestellmenge direkt ins Haus geliefert!

Für Gastronomie und Wiederverkäufer besondere Konditionen
Informationen, Preisliste und Probierpaket gibt es bei:

VEGA-FROST

Gerda Pallaschke   Tel: 04542 / 84 39 10
Am Kanal 1   Handy: 0171 / 920 31 36
23896 Hammer   Fax: 04542 / 84 39 96

Genuß und eine ökologische Lebensar

- ❧ **Für Milch, Käse, Eier und Fleisch vom Öko-Wochenmarkt gilt:**
  – Die Tiere werden artgerecht gehalten
  – Fütterung ohne Antibiotika und Masthilfsmitteln
  – Verarbeitung ohne Nitritpökelsalz, Phosphate und sonstige chemische Zusätze.

- ❧ **Der Käse enthält** bis zu 50 % weniger Salz. Es kommen keine Farbstoffe, Nitrate, Reifebeschleuniger zum Einsatz. Diesen Käse können Sie bedenkenlos auch überbacken.

- ❧ **Regionale Produkte** haben auf den Öko-Wochenmärkten immer d Vorzug. Natürlich bieten wir auch ökologische Paprika, Bananen, Orangen und vieles mehr an.

- ❧ **Gentechnik** und die Bestrahlung von Lebensmitteln sind nach den Richtlinien des kontrolliert-biologischen Anbaus nicht erlaubt.

- ❧ **Sie leisten** einen persönlichen Beitrag zum Umweltschutz, indem S kontrolliert biologisch erzeugte Produkte wählen.

- ❧ Sie tun Ihrer **Gesundheit** etwas Gutes, wenn Sie biologische Lebensmittel
  einkaufen und stärken Ihre körpereigenen Abwehrkräfte.

- ❧ **Info-Telefon 0 40 - 8 00 54 08.**

Öko-Wochenmarkt
11 x wöchentlich in Hamburg

Genuß ohne Chemie!
Riesenauswahl

- mehrere Bio-Höfe bieten Obst und Gemüse der Region
- Bioland Frischfleisch
- Lammfleisch- und Schafskäse
- Käsespezialitäten und Weine
- Bioland Blumen
- EFFENBERGER VOLLKORN-BÄCKEREI
- Fisch aus artgerechter Haltung oder Wildfang
- Eier aus artgerechter Haltung
- Naturtextilien ... und vieles mehr

Lebensmittel aus kontrolliert biologischem Anbau und Naturwaren

Ganz in Ihrer Nähe:

Schenefeld	Stadtzentrum Vorplatz	**Dienstag**	14.00 – 18.00 Uhr
		Freitag	14.00 – 18.00 Uhr
Blankenese	Blankeneser Bahnhofstr.	**Mittwoch**	9.00 – 13.00 Uhr
Nienstedten	Nienstedtener Marktplatz	**Freitag**	9.00 – 12.30 Uhr
Ottensen	Spritzenplatz	**Mittwoch**	15.00 – 18.30 Uhr
		Samstag	9.30 – 14.00 Uhr
Eimsbüttel	Bei der Apostelkirche	**Donnerstag**	14.00 – 18.00 Uhr
Harburg	Marktplatz: Sand	**Mittwoch**	15.00 – 18.00 Uhr
Wandsbek	Marktfläche Quarree	**Donnerstag**	15.00 – 18.00 Uhr
Rahlstedt	Bahnhof-Vorplatz	**Donnerstag**	9.00 – 13.00 Uhr
Winterhude	Winterhuder Marktplatz	**Freitag**	14.30 – 18.30 Uhr

Sie finden auf den einzelnen Öko-Wochenmärkten

durchschnittlich 12 ökologisch wirtschaftende Betriebe mit einem Riesenangebot.

Alsterhaus
Jungfernstieg 16
20354 Hamburg / Innenstadt
Tel. 35 90 10

🕐 Mo-Fr: 9⁰⁰ - 20⁰⁰
    Sa: 9⁰⁰ - 16⁰⁰

Spezialität: Gemüsebuffet

Selbst in den Kaufhäusern ist eine gesündere Ernährung nicht aufzuhalten. Im Alsterhaus Restaurant (II. Stock) gibt es z.B. eine Saftbar, ein Salat- und ein Gemüsebuffet, vegetarisch belegte Brötchen, Antipasti und zum Dessert Milchreis und Erdbeerquark. Noch spannender ist der Einkauf: in der Lebensmittelabteilung (IV. Stock) gibt es ein für einen Supermarkt überdurchschnittlich großes Angebot an Öko-Lebensmitteln. Unter dem Begriff Biomarkt findet man Saaten, vegetarische Fertiggerichte, Vollkornnudeln, Eingemachtes und Marmeladen etc.

(Innenstadt) (U/S-Bahn Jungfernstieg)

Apfelbaum
Harksheider Str. 6c
22399 Hamburg/Poppenbüttel
Tel. 6 02 22 05

🕐 Mo-Fr: 8³⁰ - 18³⁰
    Sa: 8³⁰ - 15⁰⁰

Spezialität: gesunde Vielfalt

Der Apfelbaum ist das größte Naturkostgeschäft im Norden Hamburgs. Auf ca. 120 qm findet sich ein wirklich großes Naturkostvollsortiment mit vielen Milch-, Soja- und Getreide- sowie verschiedenen Tiefkühlprodukten. Allein der Käsetresen ist 4 m lang (das auch angebotene Öko-Fleisch wird getrennt in einem zweiten Kühlregal aufbewahrt) und die Frischeabteilung mit demeter Obst und Gemüse umfaßt über 30 qm. Zusammen mit dem Dauerniedrigpreissortiment wird das Einkaufen hier wirklich zum Vergnügen.

(Poppenbüttel) *(Poppenbüttel)* *(Bus 276, 178 Poppenbüttler Markt)*

Der reinste Genuss.

Flockenhaus
BioFeinkost

in Hamburg z. B. bei
Karstadt, Hertie, Alsterhaus,
Feinkosthaus Meyer,
H. C. Börcherts,
Vom Hof (im Quarree),
Schlemmermärkte Struve,
Feinkosthaus Wentorf

Bergstedter Brunnen
Volksdorfer Damm 253
22395 Hamburg/Bergstedt
Tel. 6 04 63 25

🕐 Mo-Fr: 8³⁰ - 13⁰⁰ und 15⁰⁰ - 18⁰⁰
Sa: 8³⁰ - 12³⁰

Spezialität: die Deckung des gesamten Tagesbedarfs

Auf 80 sehr hellen Quadratmetern zu ebener Erde bietet sich hier dem Kunden ein echtes Vollsortiment. Die hier gepflegte Liebe zum Detail wird z. B. daran deutlich, daß der in großer Auswahl angebotene Honig lichtgeschützt gelagert wird. Zwischen den schönen Holzregalen ist genug Platz, so daß der Laden wirklich kinderwagentauglich ist. Apropos Kinder. Neben einem anständigen Angebot an Babynahrung und auch Kinderschuhen gibt´s auch eine Kinderspielecke. Die einkaufsgestreßten Mütter sagen hierfür Danke! Genauso gern wird aber auch das Dauertiefpreissortiment angenommen, das das Einkaufen hier erschwinglich macht.

✥ *(Bergstedt)* 🚌 *(Bus 175 Bergstedt Markt oder Teekoppel)*

Billstedt´ Möhre
Legienstr. 4a
22111 Hamburg/Billstedt
Tel. 7 33 77 99

🕐 Mo-Do: 10⁰⁰ - 13⁰⁰ und 14³⁰ - 18³⁰
Fr: 10⁰⁰ - 18³⁰ Sa: 10⁰⁰ - 13³⁰

Spezialität: das makrobiotische Angebot

Dieser Laden gehört langsam schon zu den Dinosauriern unter den Naturkostläden. Bereits 1982 gegründet (wenn auch unter anderem Namen) hat er sich zu einer festen Größe gemausert. Zumal Frau Lademann neben dem klassischen Naturkostprogramm auch besonders viel makrobiotische Produkte bereithält. So umfaßt ihr Angebot ein breites japanisches Warensortiment mit Algen, verschiedenen Misosorten, Schwarztees ohne Teein, Tempi, Sojamilch, Nudeln etc. Außerdem finden regelmäßig Vorträge zum Thema Makrobiotik statt. Und damit nicht alles öde Theorie bleibt, empfiehlt sich der Besuch einer ihrer makrobiotischen Kochkurse.

✥ *(Billstedt)* 🚌 *(U-Bahn Legienstr. od. Billstedt, Bus 116 Washingtonallee)*

Bioland-Hof Timmermann
Sülldorfer Kirchenweg 237
22589 Hamburg/Sülldorf
Tel. 8 70 40 54

🕐 Mo-Do: 10⁰⁰ - 12³⁰ und 15⁰⁰ - 18³⁰
   Fr: 10⁰⁰ - 12³⁰   Di + So: Ruhetage

Spezialität: die selbstproduzierten Produkte

Dieser Hof am Übergang zum Naturschutzgebiet Klövensteen sucht seinesgleichen. Bewirtschaftet wird er bereits in der 9. Generation und produziert auf ökologische Weise über 30 verschiedene Gemüsesorten, Eier und Getreide. Im Hofladen gibt es aber auch ein Naturkostvollsortiment mit Brot, Milch, ca. 40 Sorten Käse, Weinen, Honig, Säften, Babynahrung, Bier, Trockenwaren, Brotaufstrichen etc. Dabei wird besonderer Wert auf die Regionalität der Produkte gelegt und obendrein auch eine versierte Beratung für Allergiker geboten. Der Hof ist kinderfreundlich gestaltet, die Ställe können besucht und die Kaninchen gefüttert werden. Hier gelingt der Brückenschlag zwischen der Stadt und der ländlichen Urproduktion.

(Sülldorf) *(300 m neben der S-Bahn Sülldorf)*

Blankeneser Naturkost
Blankeneser Hauptstr. 121
22578 Hamburg/Blankenese
Tel. 86 52 08

🕐 Mo, Di, Do: 9⁰⁰ - 13⁰⁰ und 15⁰⁰ - 18⁰⁰
   Di+Fr: 15⁰⁰ - 18⁰⁰   Sa: 9⁰³ - 12³⁰

Spezialität: verkauft auch auf dem Markt

Die Blankeneser haben es mal wieder gut. Hier gibt es Naturkost nicht nur im Laden, sondern auch regelmäßig auf dem Wochen- und Ökomarkt. Das Angebot von Herrn Stehmann reicht von demeter-Broten über zahlreiches Gemüse bis hin zu Milch, Käse und allen anderen erdenklichen Milchprodukten. Zusätzlich gibt es auch vegetarische Snacks, damit man nicht hungrig vom Einkaufen nach Hause kommen muß (Als Vegetarier hat man ja nicht soviel davon, daß hier auch Bio-Würstchen verkauft werden!).

(Blankenese) *(S-Bahn Blankenese)* *(Di, Fr + Sa Blankenese, Mi Ökomarkt Blankenese)*

Ceres
Grindelhof 85
20146 Hamburg/Rotherbaum
Tel. 41 80 91

🕐 Mo-Fr: 9³⁰ - 18³⁰
    Sa: 9⁰⁰ - 13⁰⁰

Spezialität: vegetarischer Grindelburger

Benannt nach der römischen Göttin Ceres, die für das Getreidewachstum zuständig ist, bietet dieser Laden nicht nur das volle Naturkostsortiment, sondern außerdem vegetarische Snacks und Leckereien wie Gemüsetorten, „Grindelburger", Teigtaschen oder Antipasti - alles auch zum Mitnehmen. Und die Tiefkühltruhe sorgt mit tiefgefrorenen Vegi-Pizzen und Rapunzel Eis für ein weiteres Angebot für alle, die nicht jeden Tag selbst kochen wollen oder können. Oder man gönnt sich gleich vor Ort einen Happen mit einer Tasse Cappuccino oder Espresso aus kontrolliert biologischem Anbau.

(Rotherbaum) *(U-Bahn Hallerstraße)*

da noi
Glißmannweg 5
22457 Hamburg/Schnelsen
Tel. 5 50 78 30

Mo-Fr: 9⁰⁰ - 19⁰⁰
Sa-So: 9⁰⁰ - 14⁰⁰

Spezialität: Antipasti

In diesem italienischen Feinkostgeschäft lohnt es sich, ein bißchen näher hinzuschauen. Natürlich gibt es ein leckeres, fast ausschließlich vegetarisches Antipasti-Buffet. Und selbstverständlich gibt es auch eine gute Auswahl an italienischen Käsen. Doch mindestens genauso gut sind die Pastasorten und -saucen (Pesto, Crema di Rucola etc.), Olivenöle und Essigarten, die einem auch sehr freundlich erklärt werden. Und obendrein wird schönes italienisches Steingut (Schüsseln, Krüge, Schalen etc.) verkauft, das noch mehr Appetit auf einen richtigen italienischen Festschmaus macht.

(Schnelsen) *(Bus 102/191/291 Oldesloer Str.)*

Die grüne Kiste
Bornkampsweg 39
22926 Ahrensburg
Tel. (0 41 02) 5 74 31

Mo-Fr: 14⁰⁰ - 17⁰⁰
sonst Anrufbeantworter

Spezialität: frisches Gemüse

Eine ebenso schlichte wie geniale Idee: Alles, was man im weitesten Sinn für die tägliche gesunde Ernährung braucht, läßt man sich liefern. Es gibt sechs verschiedene Kisten (Vollsortiment, Gemüsekiste, Rohkostkiste, Mutter und Kind, Schonkostkiste und Obstkiste) und die gibt es jeweils in drei Größen (1-2, 3-4 und 5 Personen). Und zu diesem Standardangebot kann man je nach Bedarf Kartoffeln, Eier, Käse, Milch, Butter, Milchprodukte, Brot, eigenen Apfelsaft und andere Naturkostprodukte dazubestellen. Der Mindestbestellwert pro Lieferung liegt derzeit bei DM 18,- Und daß ausschließlich Bio-Erzeugnisse verkauft werden, versteht sich hier von selbst.

(Ahrensburg) *(auf Anfrage!)*

Die Pasta Frauen vom Wochenmarkt
Tel. 5 70 60 97

🕐 auf verschiedenen Wochenmärkten, siehe unten

Spezialität: selbstgemachte Ravioli

Seit über 6 Jahren verkaufen „Die Pasta Frauen" auf verschiedenen Wochenmärkten ihre selbstgemachten frischen und getrockneten Nudeln, Schupfnudeln, Gnocchi, Antipasti, italienischen Käse, Öl und Essig, Pesto und andere Saucen. Sie haben von uns eine vollvegetarische Doppelmöhre bekommen, da Sie bis auf eine Tortellini- und eine Maultaschensorte alle anderen gefüllten Nudeln (z.B. alle Ravioliarten mit Ricotta-Spinat-, Gorgonzola-Walnuß-, Lauch-Kartoffel-, Schafkäse-Tomate-Füllungen) und alle Saucen bewußt vegetarisch zubereiten. Die Eier für den Nudelteig stammen nur von Hühnern aus Bodenhaltung und werden fast ausschließlich tagesfrisch eingekauft.

🚗 *(Di Blankenese+Isestr., Mi Volksdorf+Klein Flottbek, Do Turmweg, Fr Blankenese+Isestr.)*

Die Vollkornmühle
Walddörfer Str. 115
22047 Hamburg/Wandsbek
Tel. 6 93 60 85

🕐 Mo-Fr: 9^{00} - 13^{30} und 15^{00} - 18^{00}
    Sa: 9^{00} - 13^{00}

Spezialität: gute Ernährungsberatung

Diesen kleinen Laden gibt es immerhin schon seit 1986 und er bietet ein komplettes Naturwarenvollsortiment mit Trockenware (Hülsenfrüchte, Müsli, Getreide etc.), Bio-Wein, Babynahrung, Milch und Käse, Obst und Gemüse. Und alles, was nicht vorrätig ist, kann jederzeit bestellt werden. Bei Bedarf gibt es eine fundierte Ernährungsberatung, speziell auch für Lebensmittelallergiker. So gehören glutenfreie Produkte genauso zum Programm wie veganes Eis. Und durch die ebenerdige Lage ist das Einkaufen auch mit Kinderwagen kein Problem.

🧭 *(Wandsbek)* 🚌 *(165 Bus Holzmühlenstraße)*

Effenberger Vollkorn-Bäckerei
Rutschbahn 18
20146 Hamburg/Univiertel
Tel. 45 54 45

Mo-Fr: 9⁰⁰ - 18⁰⁰
Sa: 9⁰⁰ - 13⁰⁰

Spezialitäten: Reines Roggenbrot, Haferbrot, Baumkuchen

Das Credo des Herrn Effenberger ist ganz einfach: ökologische Rohstoffe auf ökologische Art und Weise zu ökologischem Brot verarbeiten. Die Zutaten kommen alle aus dem kontrolliert biologischen Anbau und das Getreide wird sogar direkt beim Bauern eingekauft. Neben den verschiedenen Brotsorten, die alle vegetarisch (und koscher!) zubereitet werden, gibt´s auch etliche Kuchensorten, die alle mit Honig statt Zucker gesüßt werden. Wer noch mehr wissen will, ist herzlich eingeladen, die Bäckerei nach vorheriger Anmeldung zu besuchen.

(Univiertel) (U-Bahn Hallerstraße) (Di Schenefeld, Mi Blankenese+Ottensen+Harburg, Do Rahlstedt+Wandsbek, Fr Nienstedten+Winterhuder Marktplatz+Alte Elbgaustraße)

EINKAUFSTIPS & REZEPTE

Kürbisravioli mit Oliven-Nuss-Sauce

Rezept siehe Seite 154

**Engelhardt Reformhäuser
Adressen
siehe Anzeige
Tel. 44 80 92 77**

Mo-Fr: 9⁰⁰ - 20⁰⁰   Sa: 9⁰⁰ - 16⁰⁰

Spezialität: große Vielfalt

Dem Vorurteil, Reformhäuser seien unmodern, setzen die Filialen des Reformhauses Engelhardt ein freundliches Holzambiente sowie ein großes Sortiment entgegen. Über das normale Angebot der Reformhäuser hinaus (siehe Seite 126), führen die 6 Filialen des Reformhauses Engelhardt in Hamburg (+ 1 in Lübeck) ein vegetarisches Sortiment, das ausschließlich nach ökologischen Gesichtspunkten ausgewählt ist: Bio-Backwaren und frische Brötchen von bekannten Anbietern, Konfitüren, Essige und Olivenöle sowie weitere südländische Gourmetspezialitäten (aus kbA), Ökoweine (nature progrès) aus Frankreich, Italien und Deutschland. In Eppendorf und im Mercado kann man vor Ort leckere Snacks (Bratlinge etc.) genießen, frisches Gemüse ist zur Zeit nur in Eppendorf erhältlich. In allen Filialen gibt es als kostenlose Erfrischung Quellwasser. Im Januar 1999 eröffnet die 7. Filiale im Univiertel in der Bornstraße.

Leckeres aus dem Reformhaus Hier kommen selbst Gourmets auf ihre Kosten und das in Bio-Qualität!

Frische Bio-Vollkorn-Backwaren, Bio-Milcherzeugnisse, Soja- und Tofuprodukte, Säfte, Tees, das gesamte neuform-Sortiment und vieles mehr. Service und kompetente Beratung, selbstverständlich auch individuelle Ernährungsberatung

7mal in Hamburg, Norderstedt und Lübeck:
Eppendorfer Baum 9, Eppendorf, *QUARREE*, Wandsbek
Alstertal-EKZ Poppenbüttel, *MERCADO-EKZ*, Altona
ELBE-EKZ, Osdorf, *HEROLD-CENTER*, Norderstedt
KÖNIGPASSAGE, Königstrasse 49, Lübeck

Essenz
Mozartstr. 23
22083 Hamburg/Barmbek-Uhlenh.
Tel. 2 27 70 95

Mo-Fr: 8:00 - 18:30
Sa: 7:00 - 14:00

Spezialität: Bio-Weine

Da dieser Naturkostladen im Souterrain liegt, muß man beim Vorbeifahren schon ein bißchen darauf achten, ihn nicht zu übersehen. Denn das wäre ausgesprochen schade. Immerhin gibt es hier ein großes Angebot an frischem Obst und Gemüse aus kontrolliert biologischem Anbau, Säfte, Kräuter und Gewürze, Tees, Trockenware, Naturkosmetik, Rohmilchkäse sowie täglich frisches Brot. Besonders interessant ist die Auswahl an Weinen aus ökologischem Anbau zahlreicher Länder wie Spanien, Italien, USA, Australien, Portugal, Frankreich, Deutschland und Österreich.

(Barmbek-Uhlenhorst) (auf Anfrage!) (173+172 Bus Schumannstraße)

Rüdiger FOLDT
Lange Reihe 97
20099 Hamburg/St.Georg
Tel. 2 80 34 23

Mo-Fr: 8:00 - 18:30
Sa: 8:00 - 16:30

Spezialität: hauseigene Teeabfüllungen

Wenn Sie den Laden von Herrn Foldt betreten, ist das ein Erlebnis für alle Sinne. Neben den optischen Reizen ist dieses Geschäft ein Fest für jedes Riechorgan: Es duftet unfaßbar gut nach all den Gewürzen, Kräutern und Tees, Tees, Tees, die hier hauptsächlich verkauft werden. Zusätzlich gibt´s Trockenfrüchte, Nüsse, Honig, andere Naturkostprodukte und (lecker!) die Erzeugnisse der eigenen Backstube. Und damit ist´s des Guten nicht genug! Es werden auch köstliche vegetarische Snacks verkauft und ein vegetarischer Partyservice wird auch noch angeboten. Ist das nicht toll? Und selbstverständlich beliefert Herr Foldt auch die Gastronomie mit seinen Tees.

(St. Georg) (ganz Hamburg) (Hauptbahnhof)

Fröhlicher Reisball
Schulweg 22
20259 Hamburg/Eimsbüttel
Tel. 40 44 18

🕐 Mo-Do: 10⁰⁰ - 13³⁰ und 14⁰⁰ - 18³⁰
   Fr: 10⁰⁰ - 18³⁰ Sa: 9⁰⁰ - 13³⁰

Spezialität: Algen, Miso

Der Fröhliche Reisball ist ein echter Einkaufstip für Makrobiotiker. Denn außer dem normalen Naturkostprogramm wird hier besonders viel Wert auf Makrobiotik gelegt. So gibt es eine große Auswahl an Hülsenfrüchten, Sojabohnenprodukten, Algen und Bio-Gemüse. Das geschulte Personal gibt gerne Auskunft zu Ernährungsfragen aller Art: Wie ersetze ich tierisches Eiweiß? Was kann ich gegen meine Allergie tun? etc. Und um die Theorie auch in die Praxis umzusetzen, wird jeden Mittwoch ein makrobiotischer Kochkurs angeboten. Und wer erst probieren möchte, worauf er sich einläßt, besucht einfach den Mittagstisch (12-14 Uhr) im Ost-West- Zentrum oder bedient sich des Partyservices. Dann weiß er, wie lecker makrobiotisches Essen sein kann!

(Eimsbüttel) *(Bus 113 Schulweg / U2 Osterstraße)*

Fromagerie Française
Dorotheenstraße 188
22299 Hamburg/Winterhude
Tel. 46 55 58

🕐 Di-Fr: 9⁰⁰ - 19⁰⁰
   Sa: 8³⁰ - 13³⁰ Mo: Ruhetag

Spezialität: große Auswahl an Rohmilchkäsen

Riesige, leider nicht ganz billige Käseauswahl. Der Schwerpunkt liegt sicher auf französischem Käse, genau wie die Weinauswahl. Aber einen englischen Stilton bekommt man genauso wie den italienischen Gorgonzola. Das Personal ist ausgesprochen freundlich und sehr kompetent, dafür nimmt man kleine Wartezeiten gern in Kauf. Zumal es in dem Laden immer etwas zu entdecken gibt und einfach keine Langeweile aufkommen will. So gibt es auch 8 Bio-Weine in Pfandflaschen, verschiedene Bio-Käse und einfach himmlische, selbstgemachte Salate, von denen einige (Käsesalate, Eiersalat, Champignonsalat) auch vegetarisch zubereitet sind. Und ein absolutes Muß sind die selbstproduzierten Frischkäsezubereitungen. Bon appetit!

(Winterhude) *(U-Bahn Sierichstraße)*

Gärtnerei Sannmann
Ochsenwerder Norderdeich 50
21037 Hamburg/Ochsenwerder
Tel. 7 37 22 62

🕐 Di-Fr: 15⁰⁰ - 18⁰⁰
Sa: 9⁰⁰ - 13⁰⁰   Mo: Ruhetag

Spezialität: Gemüsevielfalt

Die demeter Gärtnerei Sannmann gehört sicher zu den bekanntesten Anbietern von Bio-Gemüse in der Stadt. Im Hofladen gibt es zusätzlich auch Naturkost, Säfte, Getreide, Brote, Milch, Quark, Käse und Eier von freilaufenden Hühnern. Und wer den Gemüse-Abo-Lieferservice in Anspruch nimmt, bekommt jede Woche eine Kiste mit biologisch-dynamischem Gemüse der Saison frei Haus geliefert. Interessiert? Dann rufen Sie einfach an, man gibt Ihnen gern Auskunft über Angebot und Preise.

 (Ochsenwerder)

Walter Sommer
Naturwarenversand
und Verlag seit 1924

Trockenfrüchte • Nußkerne • Nüsse • Getreide
Saaten • Naturkosmetik • Naturkost • Bücher

Spezialitäten:
Studentenfutter und Müsli

Bitte Preisliste anfordern:
Postfach 13 12, 22883 Barsbüttel
Tel.: (040) 675 795 35 oder Fax; 675 795 45

Grünkern
**Rondeel 2 /Eingang Rathausstr.
22926 Ahrensburg
Tel. (0 41 02) 5 27 19**

Mo-Mi: 9⁰⁰ - 18⁰⁰   Do-Fr: 9⁰⁰ - 18³⁰
Sa: 10⁰⁰ - 14⁴⁰

Spezialität: große Auswahl Ziegen-, Kuh,-und Schafskäse

Neben dem üblichen Naturkostangebot (Obst, Gemüse, Getreide und Saaten, Naturkosmetik, Getreidemühlen etc.) gibt es im Grünkern auch noch Naturfarben und -lacke, die sonst nicht so leicht zu finden sind. Doch am bemerkenswertesten ist sicher die große Käsetheke. Ob von der Kuh, dem Schaf oder der Ziege - hier gibt es eine reiche Auswahl an verschiedensten Sorten. Und jede Woche lockt ein neues Sonderangebot! So wird auch das Probieren von neuen Käsesorten wirklich leicht gemacht.

(Ahrensburg)   *(S-Bahn Ahrensburg)*

Gut Kamp
23827 Travenhorst

Tel. (0 43 26) 9 85 95

Mo-Fr: 14⁰⁰ - 19⁰⁰
Sa+So: 10⁰⁰ - 19⁰⁰

Spezialität: Erdbeeren

In der Saison (mind. Mitte Juni bis Mitte Juli) können Sie hier nicht nur garantiert chemisch unbehandelte Bioland Erdbeeren kaufen, sondern auch selbst pflücken. Von diesen Erdbeeren, die bestenfalls mit einer Hacke oder fleißigen Fingern in Berührung gekommen sind, wird auch selbstgemachte Marmelade verkauft. Erdbeere ist übrigens nicht gleich Erdbeere. Darum werden hier diverse Sorten (Malling Pandora, Pegasus, Polka, Haneoye, Corona) verkauft. Besonders bietet sich ein Sonntagsausflug an (dann werden auch Kaffee und Kuchen geboten!). Der Weg ist ganz einfach: In Bad Segeberg die B 432 Richtung Ahrensbök folgen, in Wensin nach Garbek abbiegen und einfach den Erbeerschildern folgen.

Auberginen in Senfsauce

Rezept siehe Seite 156

Gut Wulfsdorf
Bornkampsweg 39
22926 Ahrensburg
Tel. (0 41 02) 5 11 09

🕐 Di-Fr: 9⁰⁰ - 19⁰⁰
Sa: 8³⁰ - 13³⁰ Mo: Ruhetag

Spezialität: Gemüse u. Quark aus eigener Produktion

In Ahrensburg gibt es einen wunderbaren Hofladen, der besonders durch die ökologisch selbsterzeugten Gemüse-, Getreide- und Kartoffelsorten besticht. Daneben wird auch Milch erzeugt und der selbstgemachte Quark ist ein Traum in weiß! Ganz neu ist die eigene (demeter) Bäckerei, die seit kurzem für stets ofenfrische Brot- und Kuchensorten sorgt. Und wem das noch nicht reicht, der kann aus einem kompletten Naturkostprogramm wählen, was das Herz begehrt. Ist der Weg nach Ahrensburg zu weit? Kein Problem! Gut Wulfsdorf ist auch auf verschiedenen Märkten vertreten oder liefert eine Abo-Kiste nach Hause.

✈ *(Ahrensburg)* 🚌 *(U-Bahn Buchenkamp)* 🚗 *(Mi Blankenese+ Ottensen, Do Rahlstedt+Wandsbeker Quarree, Fr Hoisbüttel)* 🛹 *(auf Anfrage!)*

Gut Wulksfelde Bioland-Hofladen
Wulksfelder Damm 17
22417 Hamburg / Tangstedt
Tel. 6 07 12 03

🕐 Mo: 12⁰⁰ - 18³⁰ Di-Fr: 9⁰⁰ - 18³⁰
Sa: 8⁰⁰ - 13⁰⁰

Spezialität: tagesfrisches Gemüse

Dieser Hofladen ist Legende. Neben dem „normalen" Naturkostwarenvollsortiment gibt es ein großes Angebot an selbstproduzierten Bio-Lebensmitteln. So zieht allein die Gärtnerei ca.30 Gemüsesorten. Dazu gehören u.a. Kartoffeln, Wurzeln, Kohlrabi, Weißkohl, Salate, Fenchel, Gurken, Tomaten, Blumenkohl und die Hofspezialität Shiitakepilze. Weitere Spezialitäten sind die hofeigenen Eier, das selbstimportierte Olivenöl, der selbstimportierte Hochlandkaffee und ein Öko-Weinangebot, das ca. 50 Sorten umfaßt. Und all das wird Ihnen auf Wunsch auch ins Haus gebracht. Der Lieferservice umfaßt 5 verschiedene Abo-Kisten und das komplette Ladensortiment. Wenn das kein Angebot ist!

✈ *(Tangstedt)* 🚌 *(Bus 276 Lobe)* 🚗 *(Fr Poppenbüttel, Sa Ökomarkt Altona)* 🛹 *(auf Anfrage!)*

Hof Eggers in der Ohe
Kirchwerder Mühlendamm 5
21037 Hamburg
Tel. 7 23 03 37

⏲ Fr: 14^{00} - 18^{00}

    Sa: 10^{00} - 13^{00} +15^{00} -17^{00} (im Sommer)

Spezialität: die eigenen Kartoffeln

Dieser historische Bauernhof mit dem typischen Fachwerkstil der reetgedeckten Häuser ist auf jeden Fall einen Ausflug wert. Hier werden auch noch Tiere wie Gänse, Hühner, Schafe, Ziegen, Kühe und Kaninchen gehalten und laden zum Angucken und Anfassen ein. Außerdem gibt es einen Ökorundwanderweg und auf Anfrage auch Gruppenführungen über den Hof. Und ganz nebenbei können Sie im Hofladen auch noch Kartoffeln, Eier, Äpfel oder Kernobst aus eigener ökologischer Produktion und andere Naturwaren (Brot, Milchprodukte, Gemüse etc.) kaufen.

(Vierlanden) 🚌 *(Bus 120 Kirchwerder Mühlendamm, Bus 225 Kirchwerder Mühlendamm)*

India-Food Company
Königstr. 16 a
22767 Hamburg
Tel. 38 11 78

⏲ Mo-Fr: 10^{00} - 18^{30}

    Sa: 10^{00} - 14^{30}

Spezialität: nur vegetarische und Ei-freie Produkte

Ein Paradies für Vegetarier! Neben einem kleinen Angebot an frischen Exotenfrüchten und -gemüsen wie Mangos, Papayas, Okra und Tinda, gibt es im großen Souterrain jede Menge Gewürze, Kräuter, Pasten, Chutneys, Linsen- und Reissorten, Tees und alles andere, was für die indische Küche gebraucht wird. Und wie Sie die Zutaten einsetzen, lernen Sie am besten bei einem der angebotenen Kochkurse. Und wenn Sie nicht selbst kochen wollen, nutzen Sie den vegetarischen Partyservice. Er ist sensationell! Oder fordern Sie den umfangreichen Versandkatalog an. Dort finden Sie zu den meisten angebotenen Artikeln auch noch interessante Informationen.

(Altona) 🚌 *(S-Bahn Königstraße)* ✈ *(Versandhandel)*

Jahreszeiten Naturkost Norderst.
Ulzburger Str. 310
22846 Norderstedt
Tel. 5 35 58 33

Mo-Fr: 9⁰⁰ - 12³⁰ und 14³⁰ - 18⁰⁰
Sa: 9⁰⁰ - 12³⁰   Mi: nachmittags geschlossen

Spezialität: Bio-Weine

Bei Frau Kalhöfer in Norderstedt bekommen Sie ein Vollsortiment an Trockenwaren (Getreide, Müslis, Hülsenfrüchte etc., alle Molkereiprodukte, Brot (Bioland, Demeter) Tofu und zahlreiche rückstandskontrollierte Teesorten (Schwarz-, Grün-, Früchte- und Kräutertees). Und als besonderen Service bietet Sie ihren Kunden auch selbstangesetzten Kombucha. Einen Genuß der besonderen Art verspricht ihr internationales Öko-Weinangebot aus Deutschland, Frankreich, Spanien und Italien.

(Norderstedt) *(U-Bahn Norderstedt Mitte)*

Körner Versand
Karpfangerstr. 7
20459 Hamburg / Neustadt
Tel. (0 41 01) 37 15 37

Mi: 15⁰⁰ - 18³⁰   Fr: 12⁰⁰ - 18³⁰
Sa: 10⁰⁰ - 13⁰⁰

Spezialität: Frischeangebot

Der Körner Versand bietet nicht nur ein echtes (!) Vollsortiment, sondern auch interessante Vertriebswege: Zum einen kann im Laden in Hafennähe eingekauft werden, wenn auch nur an 3 Tagen in der Woche. Oder man bestellt anhand der ausführlichen Liste (der Versand sitzt in Rellingen) und holt die Waren im Laden ab. Oder man läßt sich die Bestellung direkt nach Hause schicken. (Bequemer geht´s nimmer!) Von der Abo Kiste mit frischem Obst und Gemüse über Babykost, Nudeln, Brotaufstriche können Sie sich das komplette Sortiment bringen lassen.

(Neustadt)   (U-Bahn Baumwall)   (Hamburg Mitte & West, Wandsbek & Barmbek, Kreis Pinneberg)

Kornkammer Naturkost
Bergstr. 4
21465 Reinbek
Tel. 7 27 94 08

Mo Fr: 7³⁰ - 18³⁰
Sa: 7³⁰ - 13³⁰

Spezialität: Saaten

An der Bergstraße in Reinbek findet sich im Basak Markt eine interessante Mischung: Im vorderen Teil des Geschäfts ist ein traditioneller Gemüseladen untergebracht und im hinteren Teil eröffnet sich dem Kunden ziemlich unerwartet ein ganz gut sortiertes Naturwarenangebot. Vom Käse aus kontrolliert biologischem Anbau über verschiedene Getreidearten, bis zu vegetarischen Brotaufstrichen und Säften etc. gibt´s hier vieles, was das gesund schlagende Vegetarierherz begehrt.

(Reinbek)   (S-Bahn Reinbek)

Kornmühle
Weidenallee 61
20357 Hamburg / Eimsbüttel
Tel. 4 39 83 21

Mo-Fr: 9⁰⁰ - 18⁰⁰
Sa: 9⁰⁰ - 13⁰⁰

Spezialität: das Frischeangebot und Käse

In der Kornmühle gibt es ein gut sortiertes, teilvegetarisches (siehe Häschen mit Möhre statt Doppelmöhre) Naturkostangebot. Besonders vielfältig ist hier das Obst- und Gemüsesortiment. Aber auch die zahlreichen Bio-Käsesorten können sich sehen lassen. Aber es gibt auch andere Milchprodukte wie Quark und Sahne, Brot, Getreide, Säfte und Öko-Weine. Und alle 14 Tage gibt es besondere Naturring Angebote, die sich preislich wirklich lohnen.

(Eimsbüttel)   *(U-Bahn Christuskirche)*

Kraut & Rüben Naturkost
Rolandstraße 2 a
22880 Wedel
Tel. (0 41 03) 62 95

Mo-Fr: 9⁰⁰ - 18⁰⁰
Sa: 9⁰⁰ - 13⁰⁰

Spezialität: Gemüse, Käse und Honig

Wer am westlichen Rand der Elbvororte zu Hause ist, dem sei der Weg zu Kraut & Rüben in Wedel empfohlen. Neben dem ganz normalen Naturkostwarenangebot ist das große Bio-Gemüseangebot genauso wie das Bio-Käse- und Bio-Honigangebot (immerhin 25 verschiedene Sorten!) bemerkenswert. Und für die Genießer guter Weine sei erwähnt, daß Herr Widderich immer ca. 30 verschiedene Öko-Weine vorrätig hat. Darüberhinaus verkauft er auch jede Art von Tee wie Schwarztee, Grüntee, Früchtetee und verschiedene Biotees. Der Weg lohnt sich also allemal!

(Wedel)   *(S-Bahn Wedel)*

Kürbiskern
Wilstorfer Str. 110
21073 Hamburg /Harburg
Tel. 77 38 46

🕐 Mo-Fr: 9⁰⁰ - 18⁰⁰
Sa: 9⁰⁰ - 13⁰⁰

Spezialität: das Frischeangebot

Auch im Kürbiskern gibt es selbstverständlich das klassische Naturkostvollsortiment. Doch dank der engen Zusammenarbeit mit einem demeter Hof ist die sogenannte Frischeabteilung mit Obst, Gemüse und Milchprodukten besonders erwähnenswert. Außerdem gibt es ein Makrobiotikangebot, Naturfarben / -lacke und Naturkosmetik. Und als besonderer Service wird der hier praktizierte Bringdienst verstanden. Nach einer telefonischen Bestellung wird die Ware im Umkreis von ca. 30 Kilometern Richtung Süden auch ins Haus gebracht.

(Harburg) *(S-Bahn Harburg)* *(Bringdienst bis 30 km Richtung Süden)*

Freie Betriebe
Glüsing 1
21386 Betzendorf
Tel. (0 41 38) 2 59

🕐 auf verschiedenen Wochenmärkten

Spezialität: Gemüse

Die Landwirte von „Freie Betriebe" sind keinem Verband angeschlossen, produzieren dennoch alles nach streng biologischen Gesichtspunkten ohne jegliche chemische Hilfsmittel. Neben den eigenen Produkten wie dem Gemüse, den selbstgemachten Säften, Rohkostsalaten, Sauerkraut (auch von Rotkohl!), eingemachtem Obst und Gemüse wie z.B. Grünkohl im Glas werden auch demeter Produkte (Brot etc.) verkauft. Und wenn Sie Zeit haben, unterhalten Sie sich mit den Betreibern. Die haben Erstaunliches zu erzählen.

(Betzendorf) *(Di+Fr Isestraße, Do+Sa Neugraben)*

Löwenzahn Naturkost
Gertigstr. 39 - 41
22303 Hamburg/Winterhude
Tel. 2 70 40 36

Mo-Fr: $9^{30} - 18^{30}$
Sa: $9^{00} - 13^{30}$

Spezialität: Obst und Gemüse

Im tiefsten „Winterhuder Kernland" findet sich der Löwenzahn. Ein großes, helles Eckgeschäft, das ein Vollsortiment mit den üblichen Frisch- und Trockenwaren bietet. Darüberhinaus gibt es aber auch jede Menge vegetarischer Snacks: verschiedene Bratlinge, Taschen mit Gemüse- oder Tofufüllungen, Kräuterbrötchen sowie Kuchen und Brot. Der Vollständigkeit halber sei erwähnt, daß es auch einen vollvegetarischen Partyservice gleichen Namens gibt, diese Firmen aber nicht „verwandt oder verschwägert" sind. Nur so läßt sich erklären, daß im Winterhuder Löwenzahn zumindest abgepackte Wurst verkauft wird.

(Winterhude) *(106 + 108 Bus Mühlenkamp)*

Manna
Osterstr. 81
20259 Hamburg/Eimsbüttel
Tel. 40 19 57 00

Mo-Fr: 7:00 - 19:30
Sa: 8:00 - 15:00

Spezialität: Käsetheke

Wenn Manna auch nicht mehr vom Himmel fällt, so wird es doch ins Haus gebracht. Denn dieser Naturkostladen bietet sowohl einen Liefer- als auch einen Bringservice. Das heißt, man kann sich die im Laden gekauften Sachen nach Hause bringen lassen, oder man bestellt gleich per Telefon oder Fax von zu Hause aus und bekommt die Ware dann an einem von drei Tagen (Di, Do oder Fr) geliefert. Dies ist wirklich ein Laden mit überdurchschnittlichem Engagement und erstaunlicher Dienstleistungsbereitschaft. Man beachte nur die extremen Öffnungszeiten. Jetzt kann wirklich niemand mehr behaupten, er hätte das Einkaufen nicht mehr geschafft.

(Eimsbüttel) *(U-Bahn Osterstraße, 182 Bus Heußweg)*

Mehlwurm
Lorichsstr. 44
22307 Hamburg/Barmbek
Tel. 6 30 99 24

Mo-Fr: 10:30 - 14:00 und 15:00 - 18:30
Sa: 9:30 - 13:00

Spezialität: fast alle Waren werden lose verkauft

Was für ein Laden! Bereits seit 1981 gibt es hier ein rein vegetarisches Vollsortiment an trockenen und frischen Naturwaren. Ungewöhnlich ist, daß Sie hier Ihre eigenen Tüten, Gläser, Beutel, Flaschen und Dosen mitbringen können (sollten!), denn fast alles wird lose abgefüllt verkauft - in Mengen Ihrer Wahl. Nicht nur Gemüse und Backwaren, auch alle Tees, Getreide, Nüsse, Ölsaaten, Müslis, Vollrohrzucker, Meersalz, Gemüsebrühe und vieles mehr gibt es ohne Verpackung. Macht zwar mehr Arbeit, aber auch mehr Sinn! Und selbst die Shampoos, Bodylotions, Waschmittel und Spülmittel werden Ihnen am liebsten in mitgebrachte Behälter umgefüllt.

(Barmbek) *(172+272 Bus Elligers Weg)*

Michael Voltmer Naturprodukte
Altonaer Str. 70
20357 Hamburg/Schanzenviertel
Tel. 4 39 31 23

🕐 Mo-Fr: 10⁰⁰ - 19⁰⁰
    Sa: 9³⁰ - 14⁰⁰

Spezialität: Honigspezialitäten

Ein Hans Dampf in allen Gassen. Zum einen gibt es den Laden im Schanzenviertel, in dem z.B. die berühmten Honigspezialitäten, schadstoffgeprüfte Tees und Natur-Feinkost wie Käse, Milch, Eier, Brot und ein Kosmetik Vollprogramm verkauft werden. Mittwochs und samstags verkauft er zusätzlich auf dem Ökomarkt Winterhuder Marktplatz und freitags in Rellingen. Und auch ein Lieferservice gehört zum Service. So gibt es Qualität zum günstigen Preis auch ins Haus geliefert.

(Schanzenviertel) *(U/S-Bahn Sternschanze, 115 Bus Sternschanze)* *(Mi+Sa Winterhuder Marktplatz, Fr Rellingen)* *(auf Anfrage!)*

Milch & Honig
Reetwerder 8
21029 Hamburg/Bergedorf
Tel. 7 21 46 22

🕐 Mo-Fr: 9⁰⁰ - 19⁰⁰
    Sa: 9⁰⁰ - 14³⁰

Spezialität: Käsevielfalt

Bei „Milch & Honig" in Bergedorf gibt es das normale Naturkost Vollsortiment an Obst und Gemüse, Milch und Milchprodukten, Kosmetik und Waschmitteln, Trockenwaren und Sojaprodukten, Tiefkühlprodukten wie Eis und Pizza sowie Bio-Säfte, -Wein und -Bier. Darüberhinaus werden hier auch Bücher zum Thema Kochen und Ernährung, Getreidemühlen, Dörrapparate und Gärkörbchen u.a.m. angeboten. Und natürlich Käse. Und weil das Käseangebot so gut ist, wird es dreimal in der Woche auch zusammen mit Brot und Kuchen auf Wochenmärkten angeboten. So auch in Bergedorf am Donnerstagnachmittag auf dem Bio-Markt direkt vor der Kirche.

(Bergedorf) *(S-Bahn Bergedorf)* *(Mi Neu-Allermöhe, Do Bergedorfer Bio-Markt, Fr Bargteheide)* *(ab DM 50,- im Umkreis)*

Mühlenkamper Bücherstube
Peter Marquard Str. 11
22303 Hamburg/Winterhude
Tel. 27 69 80

🕐 Mo-Fr: 9:30 - 18:00
    Sa: 9:30 - 13:30

Spezialität: Ökoweine

Der Verkauf von Wein wird ja gern an andere Produktgruppen gekoppelt. So sind Wein + Käse, Wein + Pasta oder Schuhe + Wein bekannt. Da scheint es fast normal, daß in der Mühlenkamper Bücherstube tagsüber Ökowein verkauft wird. Tagsüber deshalb, weil am Mittwoch bis Freitag von 17.00-20.00 Uhr und Samstag von 9.30-13.30 Uhr direkt im alten Luftschutzkeller am Schinkelplatz verkauft wird. Selbstverständlich ist dort auch eine Weinprobe möglich. Dieser Luftschutzbunker garantiert beste Lagerbedingungen für die Ökoweine aus Frankreich und Deutschland, da die Temperaturen im Sommer und Winter gleichbleibend sind.

(Winterhude) *(108 Bus Goldbekplatz)*

Naturkost AboService
Hauptstr. 62/75
22967 Tremsbüttel
Tel. (0 45 32) 26 08 07

🕐 Mo-Fr: 9⁰⁰ - 18⁰⁰
    Sa: 9⁰⁰ - 13⁰⁰   sonst Anrufbeantworter

Spezialität: Gemüse

Bis zu 80 Obst- und Gemüsesorten (je nach Saison) können sie sich über diesen Lieferservice alle 7 oder 14 Tage nach Hause bringen lassen. Dabei haben Sie die Wahl zwischen der Individualkiste, deren Inhalt Sie selbst bestimmen und der Überraschungskiste, die - wie der Name bereits sagt - jedesmal anders gefüllt ist. Und selbstverständlich können Sie jederzeit aussetzen, wenn Sie z.B. in den Urlaub fahren oder aus anderen Gründen keinen Bedarf haben. Außer dem Gemüseangebot können Sie sich auch zusätzlich Milch, Käse, Brot und Naturkostprodukte kommen lassen. Immer wieder praktisch!

(Tremsbüttel) *(Hamburg-Ost und Nord, Stormarn, Lübeck)*

Naturkost Jansen
Neugrabener Bahnhofsstr. 24
21149 Hamburg/Neugraben
Tel. 7 02 57 75

🕐 Mo-Fr: 9⁰⁰ - 18⁰⁰   Do: 9⁰⁰ - 19⁰⁰
    Sa: Ruhetag

Spezialität: alternative Süßigkeiten

In dem kleinen, liebevoll gestalteten Laden von Frau Jansen findet sich das komplette Naturkostprogramm von Brot und Kuchen, Obst und Gemüse, Milch und Milchprodukte über Käse, Wein, Tofu pur und als Aufstriche bis hin zu Gemüseaufstrichen etc. Ihre besondere Sorgfalt gilt den alternativen Lebensmitteln, die auch für Allergiker geeignet sind. Und gerade die Süßigkeiten für Kinder haben es ihr angetan. Ob Lollis, Kekse, Kaubonbons oder Lakritzstangen, nirgends sind Zucker oder chemische Zusatzstoffe enthalten. Gesüßt wird satt dessen mit Honig, Agavendicksaft, Malzextrakt oder Fruchtauszügen. Gesund und doch lecker!

(Neugraben) *(S-Bahn Neugraben)*

Naturkostladen Rissen
Wedeler Landstraße 53
22559 Hamburg/Rissen
Tel. 81 39 74

🕐 Mo-Fr: 9⁰⁰ - 13⁰⁰
   Sa: 15⁰⁰ - 18⁰⁰

Spezialität: Gemüse

Gemüse, Gemüse, Gemüse! In diesem vollvegetarisch geführten Naturkostladen dreht sich fast alles um Gemüse. Täglich frisch wird es von der Stadt-/Landgenossenschaft (einem Zusammenschluß von Naturkostläden und regionalen Bio-Höfen) geliefert oder von der engagierten Betreiberin selbst abgeholt. Neben Obst und Gemüse werden in dem kleinen Laden nur weitere Lebensmittel (Brot, Milch, Käse etc.), keine Non-Food-Produkte verkauft. Und die monatlich wechselnden Sonderangebote sollte man sich wirklich nicht entgehen lassen.

(Rissen) *(S-Bahn Rissen)*

Obsthof Pilarczyk
Kirchenaußendeichsweg 4
21129 Hamburg/Finkenwerder
Tel.7 42 69 79

🕐 Mo-Fr: 9⁰⁰ - 12⁰⁰ und 15⁰⁰ - 18⁰⁰
   Sa: 9⁰⁰ - 12⁰⁰ Do Nachmittag geschlossen

Spezialität: Äpfel, Äpfel, Äpfel

Ein Besuch auf dem Bioland Obsthof der Familie Pilarczyk lohnt sich immer. Ob zur Apfelblüte im Frühling oder zur Apfelernte im Spätsommer - hier ist immer etwas los. Neben 12 verschiedenen Apfelsorten (aus denen z.T. auch Apfelsaft gemostet wird) werden im Hofladen auch selbstproduzierte Birnen, Zwetschgen, Walnüsse, Erdbeeren, Bohnen, Zucchini, Erbsen, Porree und Lauchzwiebeln angeboten. Und zusätzlich gibt es ein komplettes Naturwarenprogramm mit noch mehr Obst und Gemüse, Milch, Käse, Trockenware u.v.m. Im Sommer können Sie - wenn Sie sich rechtzeitig anmelden und die Zeit es zuläßt - eine Führung mit Traktorfahrt über den Obsthof bekommen. Und mit ein bißchen Glück gibt es dann auch ein Stück selbstgebackenen Kuchen.

(Finkenwerder) *(Bus 150 Osterfelddeich + ca. 12 Min. Fußweg)*

Piazza
Eppendorfer Landstr. 144
20251 Hamburg/Eppendorf
Tel. 48 66 46

🕐 Mo-Fr: 10⁰⁰ - 18³⁰
    Sa: 9⁰⁰ - 14⁰⁰

Spezialität: Antipasti

Neben einem tollen Antipastibuffet, welches von Haus aus schon zu mindesten 3/4 vegetarisch zubereitet wird, gibt es eine wunderbare Weinauswahl, frische Pasta, Öle und was sonst das italophile Herz begehrt. Neben dem angenehmen Einkauf kann auch direkt im Laden gegessen und getrunken werden. Schließlich möchte man daheim keine Überraschungen erleben und so empfiehlt sich das Probieren vor Ort. Und für den Genuß zu Hause in größerer Runde verspricht der angeschlossene Partyservice wahre Wunder. Eine wichtige Adresse in Eppendorf!

(Eppendorf) *(Bus Eppendorfer Marktplatz)* *(Hamburg)*

Pinot Gris
Wohlers Allee 20 b
22767 Hamburg/Sternschanze
Tel. 4 30 37 58

🕐 Mo-Fr: 11⁰⁰ - 19⁰⁰
    Sa: 10⁰⁰ - 14⁰⁰

Spezialität: Bio-Weine und Käse

Es soll immer noch Menschen geben, die glauben, bei ökologischen Produkten gäbe es kaum Auswahl. Diese Menschen irren. So gibt es bei Pinot Gris ca. 450 Sorten Wein, Sekt und Spiritousen, 50-80 Sorten Käse, 20 Brotsorten (von Effenberger) und für die Naschkatzen unter uns gehören noch 30 verschiedene Pralinenarten zum Angebot. Und alle diese Produkte wurden ökologisch erzeugt. Dabei spielt der Wein sicher die größte Rolle, der nicht nur direkt importiert, sondern auch in die ganze Republik geliefert wird. (Von wegen keine Auswahl!)

(Schanzenviertel) *(U/S-Bahn Sternschanze, 115 Bus Sternschanze)*
(im Rahmen der Liefertouren Wein frei Haus in ganz Deutschland)

Pollaks Kräuter, Tees & Gewürze
Lühe 22
21635 Jork
Tel. (0 41 42) 48 98

Spezialität: Kräuter und Gewürze

Ein bißchen wuselig wirkt er schon, dieser Markstand mit seinen Schachteln, Tüten und Gebinden. Kein Wunder, bei der Auswahl! Und wenn man sich von seiner Nase leiten läßt, erwarten einen viele Überraschungen. Denn hier gibt es (abgepackt oder lose) unzählige Gewürze, getrocknete und frische Kräuter, frischen Ingwer und Knoblauch, Schwarz- und Kräutertees, Gummibärchen ohne Gelantine, echte Lakritze, verschiedene Naturkostprodukte, Nußkerne, Hülsenfrüchte, Reis, Saaten, getrocknete Früchte u.v.m. Und alle verkauften Produkte sind vorbildlich und übersichtlich gekennzeichnet (Herkunft etc.) Und für fast alles, was nicht frisch ist, bietet Frau Pollack auch einen umfangreichen Versandhandel mit bester Auswahl an.

(Jork) *(Di+Fr Isestraße, Sa Goldbekufer)* *(Versandhandel)*

Reformhäuser, allgemein

Spezialität: Naturkost

Das zuweilen angestaubte Image der Reformhäuser ist eigentlich ungerechtfertigt. Die über 1800 Reformhäuser in Deutschland sind aus der Naturheilbewegung und anderen Initiativen des ausgehenden 19. und des angehenden 20 Jahrhunderts entstanden. Heutzutage bieten sie ein vegetarisches Sortiment vom Brotaufstrich bis zum Fertiggericht an. Alle Reformhäuser sind der neuform Genossenschaft angeschlossen, die verbindliche Standards für alle Produktgruppen gesetzt hat. So kann der Kunde sicher sein, daß die Rohstoffe nicht genmanipuliert sind, es werden keine gehärteten Fette und keine synthetischen Farb-, Aroma- und Konservierungsstoffe (außer in geschwefelten Trockenfrüchten und einigen Kosmetikprodukten) verwendet. Milch und Eier entstammen aus artgerechter Haltung (gem. den Richtlinien der Arbeitsgemeinschaft Ökologischer Landbau-AGÖL).

Roter Ginseng
VON GINTEC®

Standardisierter Wirkstoffgehalt auf mind. 8 % Ginsenoside (= Ginsengwirkstoffe).

Standardisierter Wirkstoffgehalt auf mind. 15 % Ginsenoside (= Ginsengwirkstoffe).

Das Königliche Heilmittel der chinesischen Kaiser
Zur Stärkung und Erhaltung der Gesundheit

Anwendungsgebiete: bei Streß, Erschöpfung, Leistungsschwäche, Konzentrationsmangel, Alterserscheinungen aller Art. **Neben- und Wechselwirkungen:** nicht bekannt.

· Hohe Wirkstoffqualität ·

Nur besonders hochwertige, mindestens 6-jährige Ginsengwurzeln werden für hochkonzentrierten Roten Ginseng von Gintec verwendet. Durch ein traditionelles, auf natürliche Weise konservierendes Dämpfungsverfahren erhalten diese Ginsengwurzeln ihre typische rötliche Färbung, an der Sie die hohe Wirkstoffqualität erkennen. Roter Ginseng von Gintec ist ein reines Ginsengpräparat ohne weitere Zusätze.

Weitere Informationen zu Rotem Ginseng erhalten Sie direkt in Ihrem Reformhaus oder einfach den Coupon ausfüllen und an folgende Adresse schicken:

GINTEC INTERNATIONAL GMBH · BENZSTRASSE 6 · 65779 KELKHEIM
TEL.: 06195-9796-10 · FAX: 06195-9796-19

· Coupon ·
RH / HAM

Ja, bitte schicken Sie mir kostenlos und unverbindlich weiteres Infomaterial.

Name _____ Geburtstag _____

Straße / Ort _____

Schlemmermeyer´s Käse Paradies
Gerhofstr. 25
20354 Hamburg/Innenstadt
Tel. 3 58 96 60

Mo-Mi: 9⁰⁰ - 19⁰⁰   und Do-Fr: 9⁰⁰ - 20⁰⁰
Sa: 9⁰⁰ - 16⁰⁰

Spezialität: O´batzder

„Schlemmermeyer´s Roquefort Paradies" gibt es gleich zweimal in Hamburg. Die eine Filiale in der Poststraße, die andere im EEZ in Osdorf. Und das aus gutem Grund. Denn dieses Käseangebot (über 120 Sorten!) aus Frankreich, der Schweiz, Holland, Italien, Dänemark und Deutschland hat es verdient, öfter angeboten zu werden. Eine fachkundige Beratung gehört ebenso zum Service, wie die freundliche Bedienung. Und wußten Sie, daß es hier einen extra Küchenmeister nur für Frischkäse gibt? Ganz ehrlich, man schmeckt´s!

(Innenstadt) *(U-Bahn Gänsemarkt)*

Schwarzbrot Naturkost
Rutschbahn 5
20146 Hamburg/Univiertel
Tel. 45 40 54

Mo-Fr: 8³⁰ - 19³⁰
Sa: 8³⁰ - 14³⁰

Spezialität: alternative Vielfalt

Ein bißchen versteckt liegt er schon, Deutschlands(!) ältester Bio-Laden. Doch die Suche lohnt sich allemal. Frisch renoviert und modernisiert, präsentiert sich das „Schwarzbrot" seit Herbst ´98 in hellem, freundlichem Outfit und begeistert wie eh und je mit einer qualifizierten Beratung und der riesigen Auswahl. Vom klassischen Vollsortiment bis hin zu ökologischen Fertiggerichten findet sich hier wirklich alles - und fast immer mit Alternativen! Auch x-verschiedene Brot- und Kuchensorten bis hin zu leckeren Fertigbackmischungen werden angeboten. Und alles was nicht vorrätig ist, wird gern bestellt. Und wie wär´s mal wieder mit einer Bio-Knabber-Orgie? Hier gibt´s allein 6 verschieden Bio-Tortillachips, Bio-Popcorn und Bio Kartoffelchips.

(Univiertel) *(Bus 102 Grindelberg)*

Senfkorn-Naturkost
Weißenburger Str. 1-3
22049 Hamburg/Dulsberg
Tel. 61 22 96

Mo-Fr: 9⁰⁰ - 13⁰⁰ und 14³⁰ - 18⁰⁰
Sa: 9⁰⁰ - 13⁰⁰

Spezialität: großes Obst- und Gemüseangebot

Wie in den meisten anderen Naturwarenläden auch gibt es ein Vollsortiment an Obst und Gemüse, Milchprodukten, Brot, Trockenwaren, Säften + Weinen, Kosmetik + Waschmittel. Doch darüber hinaus bietet Senfkorn einen kundenfreundlichen Lieferservice. Entweder man entscheidet sich für eine wöchentlich angelieferte Abo-Kiste mit einem festen Angebot oder läßt sich das individuell Gewünschte täglich bringen. Frei nach dem Motto „Morgens bestellt, nachmittags geliefert" kommen die Sachen frei Haus. Bestellt wird einfach nach Liste und jeden Monat gibt es außerdem eine Reihe von Sonderangeboten.

(Dulsberg) *(U-Bahn Straßburger Straße)* *(Hamburg)*

Nagel's Tofu — regional – täglich frisch!
locker · leicht · cholesterinfrei

6 Sorten Tofu · Würstchen · Seitan und Tempeh
4 verschiedene frische Bratlinge · Kroketten
5 Sorten Sojafrischcreme *Sojaki*
***Oriental*-Bratschnitte · Kräuter-Aufschnitt**
Sauce Bolognaise und Seitan-Gulasch
– alles rein vegetarisch und
aus kontrolliert ökologischem Anbau – *immer lecker*!

Tofumanufaktur Nagel GmbH · 22607 Hamburg
Telefon 040 - 89 49 37 *Jetzt auch im Internet* www.tofunagel.com

EINKAUFSTIPS & REZEPTE

Sommervogel
Rentzelstr. 13
20146 Hamburg/Univiertel
Tel. 45 66 76

🕐 Mo-Fr: 9⁰⁰ - 18³⁰
    Sa: 9³⁰ - 13⁰⁰

Spezialität: große Auswahl loser Tees

So groß das vegetarische Angebot rund um die Uni in Sachen „vegetarisch essen gehen" ist, so beschränkt ist es beim Einkaufen. Da bietet der Naturkostladen Sommervogel in der Rentzelstraße eine gute Alternative. Hier gibt es frisches Obst und Gemüse, Brot, Käse, allerlei Trockenwaren, Getränke, Kosmetik und auch ein makrobiotisches Angebot. Besonders auffallend ist das überdurchschnittliche Angebot an losen Tees.

(Univiertel) 🚌 *(Bus 102 Rentzelstr.)*

Sonnenblume
Lappenbergsallee 34
20257 Hamburg/Eimsbüttel
Tel. 40 65 38

🕐 Mo-Fr: 8³⁰ - 18³⁰
    Sa: 8³⁰ - 13³⁰

Spezialität: levitiertes Wasser

Auch die „Sonnenblume" in Eimsbüttel führt ein Vollsortiment an Naturkost. Doch darüber hinaus findet der/die an makrobiotischer Ernährung Interessierte eine gute Auswahl an geeigneten Lebensmitteln wie zum Beispiel ein überdurchschnittliches Algensortiment in diesem rein vegetarisch geführten Naturkostladen. Dabei ist eine entsprechende Ernährungsberatung hier selbstverständlich. Neben den vielfältigen Lebensmitteln werden hier aber auch Naturwaren wie Waschmittel, Kosmetik und Kerzen vertrieben.

(Eimsbüttel) 🚌 *(Bus 182 Sartorius)*

WORLD TASTE OPEN

10 Minuten für eine Tasse Tee.

Für Ihren LEBENSBAUM Früchtetee sollten Sie sich Zeit nehmen und ihn 10 Minuten ziehen lassen, dann entfalten die Früchte ihr volles Aroma. Wir nehmen uns Zeit für alle unsere Produkte aus ökologischem Landbau: Kräuter- und Früchtetees, Kaffee und Schwarztee, Kräuter und Gewürze. Lieben Sie die gute Küche und würzen Ihre Speisen mit ökologischen Kräutern und Gewürzen?
Nehmen Sie sich Zeit und genießen Sie: LEBENSBAUM.

LEBENSBAUM gibt´s im Naturkostgeschäft

Teelicht
**Caspar Voght Straße 90
20535 Hamburg/Hasselbrook
Tel. 2 00 82 90**

Mo-Fr: 9⁰⁰ - 18⁰⁰
Sa: 9⁰⁰ - 13⁰⁰

Spezialität: First Flush Schwarztees

Wer sich zum Thema Tee wirklich gut beraten lassen will, der ist im „Teelicht" bestens aufgehoben. Neben ca. 300 Teesorten gibt´s noch ca. 100 verschiedene Kräuter und Gewürze im Angebot. Und natürlich Teelichter. Das Besondere hier: die Teelichter werden ohne Aluhülsen verkauft und können in bereits vorhandene Aluhülsen nachgefüllt werden. Die Teesorten sind grundsätzlich alle rückstandskontrolliert und etwa 15% der Schwarztees und 20% der hier verkauften Kräutertees wurden biologisch angebaut. Und weil´s so schön ist, gibt´s in der Papenhuder Str. 41 auch noch eine Dependance.

(Hasselbrook) *(S-Bahn Hasselbrook)* *(Versandhandel)*

Terra Verde Naturkost
**Ottenser Hauptstr. 10
22765 Hamburg/Altona
Tel. 39 20 36**

Mo-Fr: 10⁰⁰ - 20⁰⁰
Sa: 9⁰⁰ - 16⁰⁰

Spezialität: Amaranth Müsli

Im Einkaufszentrum Mercado in Altona/Ottensen steht dieser vollvegetarische Naturkoststand. Natürlich gibt es hier außer Gemüse und Obst auch Trockenwaren, Babykost, Säfte, Weine Getreide, Nudeln, Gewürze, Tee, Müsli, Marmelade, Honig, Hülsenfrüchte und Süßigkeiten aus kontrolliert biologischem Anbau. Und wen´s nach Brot, Käse oder gar Bio-Fleisch gelüstet, der wird beim direkten Standnachbarn fündig, der sich auf diese Warengruppen spezialisiert hat.

(Altona) *(U/S-Bahn Altona)*

**UTENO Hamburger
Öko-Käse & Weinkontor
21149 Hamburg
Tel. 7 02 54 82**

Spezialität: Öko-Wein &-Käse

Auf allen Hamburger Ökomärkten (einen Marktkalender finden Sie in diesem Buch) gibt es auch immer einen Stand des UTENO Hamburger Öko-Käse & Weinkontor. Sowohl Bio-Käse aus Kuh-, Schafs- als auch Ziegenkäse mit einem hohen Anteil an Rohmilchkäsen werden hier angeboten. Außerdem - wie der Name schon sagt - auch Öko-Weine unterschiedlicher Anbaugebiete. Die zusätzlich zum Verkauf angebotenen Obst- und Gemüsesäfte runden das Programm aufs Leckerste ab. Und wer zu faul zum Einkaufen ist, der kann auch per Liste bestellen und sich die Weine liefern lassen - ab einem Warenwert von DM 100,-.

(Di Schenefeld, Mi Blankenese + Harburg, Do Eimsbüttel, Fr Nienstedten + Winterhude)

Vasco Nuevo
Schulterblatt 98
20357 Hamburg/Sternschanze
Tel. 4 30 26 83

🕐 Mo-Fr: 9⁰⁰ - 18³⁰
Sa: 9⁰⁰ - 14⁰⁰

Spezialität: Brot, Wein und Käse

Lassen Sie sich nicht durch die etwas schäbige Fassade täuschen. Im Inneren des Vasco Nuevo erwartet sie ein nicht nur räumlich großzügiges Angebot. Natürlich gibt es ein Naturkostvollsortiment mit Frischeabteilung, Käse, Brot und Milchprodukten. Aber auch vegetarische Aufstriche, Eis, Tofu, Weine, Kuchen, Getreide, Babynahrung, Kosmetik und Kerzen. Und dank der oben bereits erwähnten Großzügigkeit ist hier das Einkaufen auch mit Kinderwagen oder -karre kein Problem. Und die Menschen, die hier arbeiten, sind nicht nur kompetent sondern auch ausgesprochen freundlich.

(Schanzenviertel) *(U/S-Bahn Sternschanze)*

Vegetarische Spezialitäten
auf Wochenmärkten
22765 Hamburg
Tel. 3 89 82 70

🕐 Mo-Fr: je nach Wochenmarkt
Sa: je nach Wochenmarkt

Spezialität: Gemüsepizzen und -torten

Die Hamburger Wochenmärkte mausern sich immer mehr zu Oasen vegetarischer Leckereien. So gibt es auch auf dem Isemarkt und dem Markt an der Großen Bergstraße in Altona einen weiteren Vegi-Stand mit Leckerem. Frau Karasek bietet frisch gepreßte Säfte, Suppen, Grünkernhappen, Gemüsepizzen und -torten, selbstgebackenen Vollkornkuchen und Biolandbrote von verschiedenen Bäckereien an. Wobei sich das konkrete Angebot - je nach Saison und aktuellem Angebot - verschieden darstellt. Wir finden, das ist eine gute Idee, die viele Nachahmer verdient.

(Di+Fr Isestraße, Sa Große Bergstraße)

VEGA-VITAL-KOST
Am Kanal 1
23896 Hammer
Tel. (0 45 42) 84 39 10

🕘 Mo-Fr: 9⁰⁰ - 18⁰⁰
   Sa: 9⁰⁰ - 13⁰⁰ sonst läuft der Anrufbeantworter

Spezialität: großer Anteil veganer Produkte

Manchmal läßt sich der hohe Anspruch „Ich koche immer alles frisch" einfach nicht aufrecht erhalten. Da ist es gut, daß es Firmen wie diese gibt, die ausgesprochen leckere und sehr vielfältige Fleischersatzprodukte in Konserven anbietet. So ist man auch für überraschenden Besuch von Juniors kompletter Fußballmannschaft oder einen längeren Urlaub gerüstet. Außerdem können Sie hier auch Naturkost aus biologischem Anbau wie Trockenfrüchte, Nüsse und vegetarische Brotaufstriche bekommen. Und Sie müssen die Dosen und Packungen nicht schleppen, denn ab einem Warenwert von DM 100,- wird Ihnen alles ins Haus gebracht. (Dabei gibt es für die Gastronomie und alle Wiederverkäufer besondere Konditionen.)

EINKAUFSTIPS & REZEPTE

Worthington
hochwertig – vegetarisch oder vegan

Stellen Sie sich vor, Sie essen vegetarisch und man beneidet Sie!

- Super Links
- Choplets (vegan)
- Big Franks (vegan)
- Skallops (vegan)
- FriChik
- Turkee Slices
- Tender Bits (vegan)
- Chili (vegan)

Für Gastronomie und Wiederverkäufer besondere Konditionen

Informationen, Preisliste und Probierpaket gibt es bei:

VEGA-Vital-Kost

Gerda Pallaschke   Tel: 04542 / 84 39 10
Am Kanal 1   Handy: 0171 / 920 31 36
23896 Hammer   Fax: 04542 / 84 39 96

Villa Sonnenschein
Bönningstedter Weg 42
22457 Hamburg/Schnelsen
Tel. 5 50 03 93

🕐 Mo, Di+Do: 15⁰⁰ - 20⁰⁰   Mi: 17⁰⁰ - 20⁰⁰
Fr: 9⁰⁰ - 13⁰⁰ und 15⁰⁰ - 20⁰⁰   Sa: 10⁰⁰ - 16⁰⁰

Spezialität: Bio-Weine

Die Villa Sonnenschein drängelt sich optisch nicht gerade vor. Im Souterrain eines Einfamilienhauses (Eingang hinten durch den Garten) untergebracht, präsentiert sich dieser Naturkostladen deutlich unkonventionell, genau wie seine Öffnungszeiten.

Auf der kleinen hellen Fläche tummelt sich das übliche Vollsortiment von Trockenwaren, Brot, Käse, Obst und Gemüse sowie Milch und Milchprodukte. Abgerundet wird das Angebot durch ein Tiefkühlsortiment von Eis, Gemüse und Fertiggerichten. Neben der großen Auswahl an über 50 deutschen Bio-Weinen sind außerdem die absolut plastikfreien Schreibwaren für Schule und Büro erwähnenswert.

(Schnelsen) 🚌 *(291 Bus Dornröschenweg, 184 Bus Ikea)*

Vinh-Loi
Klosterwall 2a
20095 Hamburg/Innenstadt
Tel. 3 25 88 90

🕐 Mo-Fr: 9⁰⁰ - 19⁰⁰
Sa: 9⁰⁰ - 16⁰⁰

Spezialität: asiatisches Gemüse

„Haben wir nicht!" gibt's hier nicht. Die Auswahl an asiatischen Lebensmitteln in allen möglichen Aggregatzuständen ist unvorstellbar. Ob Sie frisches Gemüse und Obst (wird Mo, Di, Mi und Do frisch geliefert) oder getrocknete, eingelegte, eingefrorene und eingedoste asiatische Lebensmittel, Gewürze u.v.m. suchen - hier werden Sie fündig. In Tüten, Päckchen, Flaschen, Gläsern, Dosen und Schachteln findet sich wirklich alles, was für die verschiedenen asiatischen Gerichte gebraucht wird. Und die zentrale Lage (nähe Hauptbahnhof) macht den Laden noch verlockender.

(Innenstadt) 🚌 *(U/S-Bahn Hauptbahnhof)* 🛒 *(nur Gastronomie und Wiederverkäufer)*

Violas Gewürze und Delikatessen
Eppendorfer Baum 38
20249 Hamburg/Eppendorf
Tel. 46 07 26 76

Mo-Fr: 10:00 - 19:00
Sa: 10:00 - 16:00

Spezialität: Öko-Weine

In diesem kleinen aber feinen Geschäft eröffnet sich eine völlig neue Welt der Düfte und Gerüche. Hier finden Sie die exotischsten Gewürze, vielfältigsten Öle, Essigsorten, Nüsse, Getreide, Trocken- und Hülsenfrüchte, Nudeln, Öko-Chutneys, Pastasoßen, Steinpilzcremes u.v.m. So können Sie aus den 10 Linsenarten, 54 Pastasorten, 48 Senfsorten, 15 Curryarten etc. auch originelle Geschenkkörbe für jeden Geldbeutel zusammenstellen lassen. Und wer freut sich nicht über frische, hochwertige Zutaten der etwas anderen Art?

(Eppendorf) *(U-Bahn Eppendorfer Baum)* *(innerhalb Hamburgs ab DM 100,-)*

EINKAUFSTIPS & REZEPTE

Wilde Erdbeeren
Brigittenstr. 1
20359 Hamburg/St.Pauli
Tel. 43 57 54

⏱ Mo-Fr: 10⁰⁰ - 14⁰⁰
Sa: 15⁰⁰ - 18⁰⁰

Spezialität: Gemüse und Obst

Wer glaubt, auf dem Kiez könne man nur saufen und chinesisch essen, der irrt. Mitten im Herzen von St. Pauli bietet „Wilde Erdbeeren" alles, was das vegetarisch schlagende Herz begehrt - bis hin zum Speiseeis aus Sojamilch, das auch Veganer ungehemmt genießen können.

Neben dem großen Honig-, Käse-(über 30 Sorten!) Obst- und Gemüseangebot gibt es auch ein makrobiotisches Sortiment, Babynahrung, ätherische Öle, Müslis und alles andere, was zu einem Naturkostvollsortiment gehört.

✠ *(St.Pauli)* 🚌 *(S-Bahn Reeperbahn, U-Bahn Feldstraße)*

Yeo-Men
Bahrenfelder Str. 169
22765 Hamburg/Ottensen
Tel. 39 31 34

⏱ Mo-Fr: 9⁰⁰ - 18³⁰
Sa: 9³⁰ - 14⁰⁰

Spezialität: frisches Obst und Gemüse

Hier legt man besonders viel Wert auf die absolute Frische und hohe Qualität der angebotenen Obst- und Gemüsesorten. Zur Philosophie des immerhin 85qm großen Naturkostladens gehört auch, daß es zu jedem Produkt möglichst eine Alternative geben sollte. So werden allein auf 3,50 m Regalbreite ausschließlich Müslisorten angeboten. Es gibt verschiedene Naturkosmetik, Wasch- und Putzmittel, Käse, 6 bis 7 Tofusorten, vegetarische Aufschnittarten und Aufstriche sowie Tofu-Desserts.

✠ *(Ottensen)* 🚌 *(Bus 37 Friedensallee, 150 Bus Bahrenfelder Str.)*

Gesundheit und Lebenskraft durch Naturkost!

Wir engagieren uns für Naturkost-Qualität.
==Unsere Garantie:== Alle Produkte aus kontrolliert ökologischem Anbau. Erhältlich im Naturkost-Fachhandel oder in unserem Einzelhandel.
Wir informieren und beraten Sie gern.

Grell Naturkost

Garantiert aus kontrolliertem ökologischem Anbau

oßhandel:
schstraße 3
568 Kaltenkirchen
efon
191/9503-0
efax
191/9503-90
ernet:
w.grell.de
Mail:
o@grell.de

zelhandel:
nannisstraße 7
589 Nortorf
efon
392/4949
efax
392/3076

Pikante Frischkäsebällchen
(Abbildung Seite 6)

Zutaten (für ca. 15 kleine Kugeln):
Grundmischung
200 g Doppelrahmfrischkäse
100 g Schafkäse
etwas süße Sahne oder Milch
Paprika-Kügelchen (4-6 Stück)
Paprika delikatess
Salz, Pfeffer
Grüne Kügelchen (4-6 Stück)
1 Stengel (glatte) Petersilie
Salz, Pfeffer
1 Knoblauchzehe
Nuß-Kügelchen (4-6 Stück)
2 EL feingeriebene Haselnüsse
etwas Zitronensaft
Salz
Garnierung
einige Salatblätter
pikante (Vollkorn-)Kräcker, (Vollkorn-)Salzstangen u.ä.
evtl. Nüsse, Sonnenblumenkerne u.ä.

Zubereitung:
Für die Grundmischung den Frischkäse mit dem Schafkäse gut verkneten. Dabei so viel Sahne oder Milch zugeben, daß eine cremige Masse entsteht. Die Grundmasse nun in 3 Teile teilen:
Den ersten Teil mit Paprika delikatess, Salz und Pfeffer abschmecken, kleine Kügelchen drehen und eventuell in Paprikapulver rollen. Den zweiten Teil mit der feingehackten Petersilie, dem durchgedrückten Knoblauch und etwas Salz verkneten. Ebenfalls kleine Kügelchen drehen. Für den letzten Teil die geriebenen Nüsse ohne Fett in einer Pfanne anrösten und zusammen mit etwas Salz und Zitrone unter den Rest der Grundmasse kneten. Wiederum kleine Kugeln drehen und alle Kugeln bis zum eventuellen Servieren kaltstellen.

Garnierung
Die gewaschenen Salatblätter auf einem Teller auslegen. Die Käsekügelchen bunt auf dem Salatblatt verteilen. Die Nüsse ohne Fett in einer Pfanne hell anrösten, ebenfalls auf dem Teller verteilen und alles mit Kräckern und Salzstangen zusammen servieren.

Rosenkohljulienne-Salat mit Ziegenkäse Croutons
(Abbildung Seite 14)

Zutaten (für 4 Personen):
Rosenkohljulienne-Salat mit Ziegenkäse Croutons
400 g Rosenkohl
8 Scheiben Baguette
8 kleine Scheiben Ziegenkäse (Ziegenrolle oder Ziegencamembert)
8 Walnüsse
Walnuß-Vinaigrette
4 sehr fein gehackte Walnüsse
8 EL Walnußöl
4 EL Obstessig
2 EL Wasser oder Weißwein
Pfeffer aus der Mühle
Salz
1 TL Honig

Zubereitung:
Rosenkohljulienne-Salat
Den Rosenkohl putzen und waschen. In leicht gesalzenem Wasser circa 3 Minuten bißfest garen, anschließend mit kaltem Wasser abschrecken und gut abtropfen lassen. Von den Röschen einige schöne Blätter abzupfen und zur Dekoration beiseite legen. Die Röschen halbieren und in feine Streifen (Julienne) schneiden.
Die Baguettescheiben mit dem Ziegenkäse belegen und kurz übergrillen.
Walnuß-Vinaigrette
Die gehackten Walnüsse ohne Fett anrösten. Die Zutaten für die Vinaigrette in einer Schüssel gut verrühren und die Rosenkohljulienne damit vermengen.
Den für circa 15 Minuten in der Vinaigrette marinierten Rosenkohl nochmals abschmecken und eventuell nachwürzen.
Auf Tellern anrichten und mit den Walnußkernen sowie den überbackenen Ziegenkäse Croûtons garnieren.

(Pro Portion ca. 490 kcal/2060 kJ, 17 g Eiweiß, 30 g Fett, 34 g Kohlenhydrate + 6 g Ballaststoffe, Zubereitungszeit: ca. 30 Min.)

Kräuterwaffeln mit Avocadocreme
(Abbildung Seite 30)

Zutaten (Vorspeise für 4 Personen, 1/2 Waffel für jeden):
<u>Waffeln</u>
50 g Weizen- oder Dinkel-Vollkornmehl
30 g geriebene, ungesalzene (Erd-)Nüsse
1 kleines Ei
ca. 150 ml Milch
Salz, Pfeffer
ca. 1-2 EL gehackte Kräuter (Petersilie, Schnittlauch, Dill, etc.)
Waffeleisen
<u>Avocadocreme</u>
1 reife (!) Avocado
etwas Zitronensaft
1 EL saure Sahne (10 oder 18 % Fett) oder Schmand
1-2 Knoblauchzehen
Salz, Pfeffer
<u>Garnierung</u>
einige Salatblätter
Kräuter (z.B. Dill) und feine Streifen einer unbehandelten Zitrone

Zubereitung:
<u>Waffeln</u>
Das Mehl mit den feingeriebenen Nüssen, Ei, Milch und den Gewürzen gut verrühren und mindestens 30 Minuten (besser 1 Std) abgedeckt an einem nicht zu kühlen Ort ruhen lassen. In der Zwischenzeit die Kräuter waschen, trocknen (unbedingt!) und feinhacken. Die Kräuter zum Teig geben und circa 2 Waffeln backen.
<u>Avocadocreme</u>
Für die Avocadocreme eine reife (!) Avocado halbieren, entkernen, mit einem Teelöffel das Fruchtfleisch herauslösen und mit etwas Zitronensaft fein zerdrücken. Saure Sahne, durchgedrückte Knoblauchzehen sowie Gewürze zugeben und alles gut vermischen. Mit Zitronensaft, Salz und Pfeffer abschmecken und möglichst rasch (innerhalb von circa 1 Stunde) und gut umgerührt servieren.
<u>Garnierung</u>
Die Salatblätter waschen, trocknen und auf den Tellern auslegen. Die Waffelecken darauf legen und mit etwas Avocadocreme, einem Kräutersträußchen und Zitronenstreifen servieren.

(Zubereitungszeit: ca.45 Min. + mind. 30 Min. Ruhezeit für den Teig.)

Herzhafte Muffins
(Abbildung Seite 22)

Zutaten (für 12 Stück):
4 Eier
80 g zimmerwarme Butter
60 g Joghurt
300 g Weizen-Vollkornmehl
1 Päckchen Backpulver
1/2 TL Salz
4 EL Sonnenblumenkerne
100 g Greyerzer Käse
1/2 Bund Frühlingszwiebeln

Zubereitung
Eier und Butter mit dem Handmixer schaumig schlagen. Den Joghurt unterrühren, anschließend mit Mehl, Backpulver und Salz zu einem Teig verarbeiten.
Die Sonnenblumenkerne in einer Pfanne ohne Fett goldgelb anrösten.
Den Käse raspeln, die Frühlingszwiebeln fein schneiden, alles zum Teig hinzufügen.
Die Muffinformen ausfetten, die Böden evtl. mit Backpapier auslegen. Den Teig in die Förmchen verteilen und im vorgeheizten Backofen auf der zweiten Schiene von unten bei 180°C etwa 20 Minuten backen.

(Zubereitungszeit: ca. 20 Min. + 20 Min. Backzeit.)

Tip: Wenn Sie keine Muffinform haben, können Sie die Muffins auch in Papiermanschetten backen. Stellen Sie aber mindestens zwei Förmchen ineinander, sonst sind sie nicht stabil.

Der Abdruck aller Rezepte erfolgte mit freundlicher Genehmigung der Zeitschrift Vegetarisch fit, HCM Verlag, Hofheim

Überbackene Artischocken mit Paprikafüllung
(Abbildung Seite 38)

Zutaten (für 4 Personen):
4 frische Artischocken
1 Zitrone
je 1 rote, gelbe und grüne Paprika
1 Zwiebel
1 Knoblauchzehe
1 EL Öl
100 ml trockener Weißwein (alternativ: Gemüsebrühe)
100 g Mais aus der Dose
2 EL Petersilie
80 g Fontina-Käse

Zubereitung:
Von den Artischocken die Stiele abdrehen. Nun bis zum Boden der Artischocken rundherum die Blätter abschneiden. Die Böden in kochendes Zitronenwasser geben und circa 20 Minuten garen. Das Heu (siehe Tip) mit einem Löffel entfernen.
In der Zwischenzeit die Paprika waschen, von Kernen und Trennwänden befreien und in kleine Stücke schneiden. Die Zwiebel sowie den Knoblauch schälen, ebenfalls fein würfeln und in dem Öl anbraten. Dann die Paprika hinzufügen, alles gut durchrühren und mit Salz und Pfeffer würzen. Nun mit dem Wein oder der Gemüsebrühe ablöschen und das Gemüse bei milder Hitze etwa 10 Minuten dünsten. Zum Schluß die Maiskörner, den in Würfel geschnittenen Käse sowie die Petersilie untermischen.
Die Artischockenböden gut abtropfen lassen und in eine Auflaufform setzen. Dann die Gemüsemasse auf den Artischockenböden verteilen und diese im Ofen bei 200°C etwa 15 Minuten überbacken. Dazu passen Petersilienkartoffeln sehr gut.
(Pro Portion ca. 205 kcal/860 kJ, 8 g Eiweiß, 10 g Fett, 14 g Kohlenhydrate + 5 g Ballaststoffe, ca. 45 Min. + ca. 15 Min. Backzeit)

Tip: Unter „Heu" wird der ungenießbare, faserige Flaum am Blütenboden verstanden. Dieser muß entfernt werden, um den Blütenboden, das Herz der Knospe, zum Verzehr freizulegen. Sie können auch die Böden aus der Dose nehmen. Es sind meist 7-9 Böden in einer Dose.

Maisgriespizza für (Kinder-) Partys
(Abbildung Seite 46)

Zutaten (für 4 Personen):
2 EL Sonnenblumenöl
250 g Maisgrieß (Polenta oder Kukuruz)
insgesamt ca. 300 ml klare Gemüsebrühe
250 ml Milch (oder nur Brühe verwenden)
Salz, Pfeffer
1 kleine Dose (70 g) Tomatenmark
2 EL Öl
2 Knoblauchzehen
je 1/4 TL getrockneter, gerebelter Thymian und Oregano
1 Gemüsezwiebel
3-4 (350 g) Tomaten
1-2 (250 g) Zucchini
150 g Pilze (z.B. Champignons)
75 g grüne oder/und schwarze Oliven
evtl. 75-100 g geriebener Käse

Zubereitung:
Teig
Das Fett in einem weiten Topf erhitzen und den Maisgrieß darin anrösten, bis er leicht Farbe annimmt. Circa 250 ml Brühe und die Milch zugießen und den Grießbrei bei reduzierter Hitze, aufgelegtem Deckel und gelegentlichem Umrühren ca. 15 Minuten ausquellen lassen. Den Brei mit Salz und Pfeffer nachwürzen und die restlichen 50 ml Brühe einarbeiten. Den Brei so heiß wie möglich auf dem eingefetteten Blech verteilen. Wenn der Brei schon zu fest geworden ist, hilft ein leicht angefeuchteter Löffelrücken. Während der Boden abkühlt, den Belag zubereiten.

Belag
Das Tomatenmark mit dem Öl, den durchgedrückten Knoblauchzehen und den Gewürzen verrühren und auf dem Grießboden verteilen. Die Zwiebel schälen, in dünne Scheiben schneiden und darauf verteilen. Tomaten und Zucchini waschen, putzen, in Scheiben schneiden und auf der Pizza verteilen. Die Pilze mit einem Tuch abreiben, in Scheiben schneiden und obenauf legen. Die Oliven verteilen und den Käse über der Pizza verteilen. Das Gericht bei 180-200°C (Heißluft 160-180°C) circa 20 Minuten backen. Zur Maisgrießpizza paßt ein knackiger Salat.
(Zubereitungszeit: ca. 45 Min. + ca. 20 Min. Backzeit.)

Mexikanische Feuersuppe
(Abbildung Seite 58)

Zutaten (für 6 Personen):
400 g Tofu natur
1 Prise Chilipulver
Kräutersalz
2 große Zwiebeln, kleingehackt
2 Knoblauchzehen
2 EL Olivenöl
6 reife Tomaten, gehäutet und in Würfel gehackt (alternativ: 1 Dose geschälte Tomaten)
2 grüne Paprikaschoten
2 rote Paprikaschoten
500 ml Tomatenketchup
2 EL Tomatenmark
500 ml Gemüsebrühe
2 TL Kräutersalz
frischer Pfeffer aus der Mühle
1 TL Kreuzkümmel (Cumin)
2 Dosen Mais (Abtropfgewicht 285 g/Dose)
2 Dosen rote Bohnen (Abtropfgewicht 250 g/Dose)

Zubereitung:
Den Tofu erst mit einer Gabel zerdrücken und dann mit dem Chilipulver und dem Salz in einer Schüssel vermischen. Danach die geschälten und durch eine Presse gedrückten Knoblauchzehen sowie die Zwiebelwürfel in dem Öl glasig dünsten. Die Tomatenstücke und die geputzten, gewaschenen, gewürfelten Paprikaschoten hineingeben und etwa 5 Minuten dünsten. Danach die Tofumischung dazugeben und anbraten. Anschließend die Gemüsemasse beiseite stellen.
Das Tomatenketchup zusammen mit dem Tomatenmark und der Gemüsebrühe in einen Topf geben und erhitzen. Mit den Gewürzen kräftig abschmecken und bei mittlerer Hitze etwas einkochen lassen. Zum Schluß den Mais und die Bohnen unterrühren und kurz köcheln lassen. Schon ist eine vegane Mitternachtssuppe fertig!

(Zubereitungszeit: ca. 40 Min.)

Der Abdruck aller Rezepte erfolgte mit freundlicher Genehmigung der Zeitschrift Vegetarisch fit, HCM Verlag, Hofheim.

Guacamole (Avocadodip) und Salsa
(Abbildung Seite 52)

Zutaten (für 6 Personen als Dip):
Guacamole
1 große (oder 2 kleine) reife Avocados
Zitronensaft
1-2 Knoblauchzehen
Salz, Cayennepfeffer
50 g Crème fraîche (oder 50 g Sojacreme + 2 TL Mandelmus)
Salsa
1 (50 g) Zwiebel
1 Dose (ca. 250 g Abtropfgewicht) Tomaten
3-4 EL (40 g) Tomatenmark (mind. 2fach konzentriert)
2 Knoblauchzehen
1 kleine Pfefferschote
3 eingelegte, mittelscharfe Peperoni
1 EL Öl, Salz, Cayennepfeffer, Delikateßpaprika, evtl. Tabasco, Zitronensaft oder ein milder Essig

Zubereitung:
Guacamole
Avocado halbieren, den Kern entfernen und das Fruchtfleisch mit einem Teelöffel herauslösen. Das Avocadofleisch mit dem Zitronensaft, den Knoblauchzehen, dem Salz und dem Cayennepfeffer pürieren. Das Püree mit der Crème fraîche (oder mit der Sojacreme + Mandelmus) mischen und bei Bedarf nochmals mit Salz, Cayennepfeffer und Zitronensaft abschmecken. Die Avocadocreme sofort servieren, da sie sehr schnell dunkel wird.
Salsa
Die Zwiebel schälen und fein würfeln. Die Dosentomaten mit dem Tomatenmark und den Knoblauchzehen pürieren. Die Pfefferschote (mit Handschuhen!) putzen und so klein wie möglich hacken. Die Peperoni in feine Würfel schneiden und mit den Zwiebelwürfeln und dem Öl zum Tomatenpüree geben. Die Salsa mit Salz, Cayennepfeffer, Paprika, Zitronensaft oder Essig und eventuell mit etwas Tabasco scharf-würzig abschmecken. Die Salsa an einem kühlen Ort mindestens 1 Tag durchziehen lassen.

Guacamole: Pro Portion ca. 185 kcal/775 kJ, 2 g Eiweiß, 18 g Fett, 3 g Kohlenhydrate + 2 g Ballaststoffe, Zubereitungszeit: ca. 15 min. *Salsa:* Pro Portion ca. 35 kcal/145 kJ, 1 g Eiweiß, 2 g Fett, 3 g Kohlenhydrate + 2 g Ballaststoffe, Zubereitungszeit: ca. 20 min. + mind. 1 Tag zum Durchziehen.

Tortillas

(Abbildung Seite 52)

Zutaten (für 4 Personen, ca. 16 kleine Tortillas):
125 g ausgesiebtes, feingemahlenes Dinkel-Vollkornmehl
125 g Maismehl
wenn möglich 1 TL (4 g) Kalk (Gibt's als Calciumcarbonat in Apotheken, siehe Tip)
3 EL Sonnenblumenöl
1 TL Salz, 150-200 ml Wasser
Wachs- oder Backtrennpapier

Zubereitung:
Das Dinkelmehl mit dem Maismehl und dem Kalk mischen. Öl, Salz und nach und nach so viel Wasser zugeben, bis ein geschmeidiger, gut formbarer Teig entsteht. Aus dem Teig eine Rolle formen und diese in 16 Portionen einteilen (die Portionen nur markieren). Den Teig sofort abdecken, da er sehr schnell austrocknet. Aus den einzelnen Teigportionen mit leicht feuchten Händen Fladen vorformen und diese zwischen Wachs- oder Backtrennpapier möglichst dünn zu Kreisen (Ø ca. 15 cm) ausrollen. Die ausgerollten Fladen jeweils mit Papier abdecken und aufeinanderstapeln. Während des Ausrollens der einzelnen Fladen sollten die restlichen Teigportionen abgedeckt bleiben.
Die Fladen in einer Gußeisenpfanne (keine Teflon- oder Edelstahlpfanne benutzen!) oder auf einer großen Herdplatte ohne Fettzugabe backen. Die Fladen von beiden Seiten etwa 2 Minuten backen. Die Fladen dabei einige Male wenden. Sollten sich die Fladen beim Backen aufblähen, die Blasen einfach mit einem Spachtel auf den Boden drücken. Die Fladen sind fertig, wenn sich auf der Oberfläche einzelne braune Stellen zeigen.
Die fertig gebackenen Tortillas bis zum Verzehr aufeinanderstapeln und mit einem feucht-warmen Tuch abdecken. Die Tortilla bleiben länger frisch, wenn sie noch warm und aufeinandergestapelt in einen großen Kunststoffbeutel verpackt werden.

(Pro Tortilla ca. 70 kcal/295 kJ, 2 g Eiweiß, 2 g Fett, 10 g Kohlenhydrate + 1 g Ballaststoff, Zubereitungszeit: ca. 45 Min.)

Tip: Damit die Tortillas auch ohne ein spezielles Maismehl schön weich werden, kommt der Kalk unter die Mehlmischung. Ohne Kalk wird der Teig trockener und läßt sich nach dem Backen schwerer rollen oder falten.

Gemüsefüllung für Burritos (Tortillas)
(Abbildung Seite 52)

Zutaten (für 2 Personen):
1 Frühlingszwiebel
1 Zwiebel
1 Zucchini
1 kleine Paprika
150 g (2-3) Tomaten
75 g Pilze
2-3 EL (Oliven-)Öl
evtl. 1 Knoblauchzehe
bei Bedarf 50 ml Gemüsebrühe
Salz, (Cayenne-)Pfeffer

Zubereitung:
Die Frühlingszwiebel sowie die Zwiebel putzen und fein würfeln. Die Zucchini, die Paprika und die Tomaten waschen, putzen und in schmale Streifen oder Würfel schneiden. Die Pilze möglichst nur mit einem trockenen Tuch abreiben und je nach Größe halbieren, vierteln oder achteln. Das Öl in einer weiten Pfanne erhitzen, die Zwiebeln und auf Wunsch den Knoblauch darin leicht anbräunen. Die Paprikastücke zugeben, das Gemüse leicht salzen und bei aufgelegtem Deckel, möglichst ohne weitere Flüssigkeitszugabe, 5-8 Minuten dünsten (wenn nötig, etwas Gemüsebrühe zugeben). Die Zucchini-, Tomaten- und Pilzstücke zugeben und alles bei aufgelegtem Deckel weitere 3 Minuten dünsten. Die Gemüsepfanne nach Geschmack mit Salz und Pfeffer würzen.

(Pro Portion ca. 200 kcal/840 kJ, 3 g Eiweiß, 16 g Fett, 9 g Kohlenhydrate + 5 g Ballaststoffe, Zubereitungszeit: ca. 25 min.)

Tip: Burritos sind mit unterschiedlichen Zutaten gefüllte und nach einer speziellen Technik gefaltete oder aufgerollte Tortillas, die in der Regel direkt aus der Hand gegessen werden. In den USA und in Mexiko werden die einzelnen Zutaten (Tortillas, Gemüsefüllung, Guacamole, Salsa, Gemüse, Salate etc.) getrennt angeboten, damit sich jeder Gast sein Burrito selbst zusammenstellen kann. Der Energiegehalt eines Burrito ist somit stark von der Art und Menge der jeweiligen Füllung abhängig.

Der Abdruck aller Rezepte erfolgte mit freundlicher Genehmigung der Zeitschrift Vegetarisch fit, HCM Verlag, Hofheim.

Pa Thai oder Bunte Wokpfanne
(Abbildung Seite 64)

Zutaten (für 4 Personen):
100 g Glasnudeln
20 g getrocknete Pilze (z.B. Mu-Err-Pilze)
250 g Tofu
1 kleine Stange Lauch
1 Glas (ca. 175 g Abtropfgewicht) Soja- oder Mungobohnensprossen
1 Glas (ca. 200 g Abtropfgewicht) Bambussprossen
ca. 250 g Pak choi oder 1 kleiner Chinakohl
2-3 EL (Sesam- oder Soja-)Öl
4-6 EL Sojasauce (je nach Geschmack auch mehr)
2 Msp. Chilipulver (alternativ: Cayennepfeffer)
1 TL Salz
100-125 ml Gemüsebrühe (vom Einweichen der Pilze aufheben!)
auf Wunsch 3-4 Eier (sonst ist das Gericht vegan!)
Zum Servieren
100 g gehackte Erdnüsse
Chilipulver oder Thaigewürzmischung
1 Limette in Scheiben geschnitten

Zubereitung:
Die Glasnudeln in viel Wasser einige Minuten einweichen, aus dem Wasser nehmen und kleinschneiden.
Die getrockneten Pilze gut bedeckt in warmer Gemüsebrühe einweichen. Mindestens 20 Minuten quellen lassen. Nach dem Quellen die Brühe abgießen (aufheben!) und die Pilze „verlesen" (auf Steinchen hin untersuchen).
Den Tofu in kleine Würfel schneiden. Den Lauch putzen, gut waschen und kleinschneiden.
Die Soja- und Bambussprossen auf ein Sieb geben und abtropfen lassen.
Pak choi oder Chinakohl, falls nötig, waschen und den Salat quer zur Wuchsrichtung in Streifen von 2-3 cm Stärke schneiden.
Das Öl im Wok oder in einer großen, etwas höheren Pfanne erhitzen. Den Tofu und den Lauch im heißen Fett anbraten. Die Sojasauce, Chilipulver und Salz zugeben und weiterbraten, bis sich Tofu und Lauch gleichmäßig eingefärbt haben. Die abgetropften Pilze und die Glasnudeln zugeben und 2 Minuten mitdünsten. Den Pak choi oder Chinakohl, Soja- und Bambussprossen und die

Pilzbrühe zugeben. Alles miteinander mischen, einige Minuten dünsten und nachwürzen. Falls das Gericht mit Eiern gegessen werden soll: Die Gemüsemischung an die Seite schieben und die Eier nacheinander aufschlagen, leicht stocken lassen und wie Rührei verrühren.

Zum Servieren
Die Erdnüsse hacken und mit dem Chilipulver und der in Scheiben geschnittenen Limette zur Wokpfanne reichen. Traditionell wird in Thailand an den Tellerrand je ein Löffel Chiligewürz oder Thaigewürzmischung sowie ein Löffel gehackte Erdnüsse gegeben und zusammen mit dem Pa Thai verspeist.

(Zubereitungszeit: ca. 30 min.
Pro Portion ca. 310 kcal/1300 kJ, 17 g Eiweiß,
13 g Fett, 28 g Kohlenhydrate + 6 g Ballaststoffe.)

Tip für ganz Eilige: Das Gericht schmeckt auch ohne Kohl und Lauch ganz vorzüglich und die Garzeit verringert sich. Erhöhen Sie dann einfach die Menge der Mungosprossen und Bambusschößlinge.

Der Abdruck aller Rezepte erfolgte mit freundlicher Genehmigung der Zeitschrift Vegetarisch fit, HCM Verlag, Hofheim.

Überall im Buchhandel!

2. erweiterte Auflage des erfolgreichen
Vegetarisch fit!-Kochbuches

DIE BESTEN REZEPTE

Mit köstlichen Rezepten
aus allen Menübereichen.
Durchgehend vierfarbige Abbildungen
mit ausführlichen Anleitungen.
160 Seiten.

ISBN-Nr. 3-933106-02-8
DM 24,90

Sesam-Schupfnudeln an Meerrettichsoße
(Abbildung Seite 94)

Zutaten (für 4 Personen):

Schupfnudeln
1 kg mehligkochende Kartoffeln
50 g Sesam, ohne Fett geröstet
150 g frisch geriebener Parmesankäse
ca. 250 g Weizen-Vollkornmehl (Mehlmenge ist abhängig von der Kartoffelsorte)
1 TL Salz
1 Ei
70 g Butter

Kürbisgemüse
400 g Kürbisfleisch, in Würfel geschnitten
1 EL Öl
1 kleine Schalotte, fein gewürfelt
1 Knoblauchzehe, fein gehackt
125 ml Weißwein
1 TL Majoranblättchen
Salz und frischer Pfeffer aus der Mühle
frisch geriebene Muskatnuß
2 EL süße Sahne

Rote-Bete-Gemüse
ca. 400 g rote Bete
1 EL Balsamessig
1 EL Sojasauce
50 g Butter
Salz und frischer Pfeffer aus der Mühle

Meerrettichsauce
50 g Meerrettich, frisch gerieben (alternativ: aus dem Glas)
80 g Butter
4 EL Vollkornmehl, fein ausgemahlen
(z.B. Kamut, Weizen oder Grünkern)
125 ml Milch
125 ml Gemüsebrühe
2 EL Crème fraîche
Salz und Pfeffer aus der Mühle
Muskatnuß, frisch gerieben

Zubereitung:

Sesam-Schupfnudeln

Die Kartoffeln schälen und in gleich große Stücke schneiden. Dann in wenig Salzwasser etwa 15 Minuten garen und danach warm durch eine Kartoffelpresse drücken. Anschließend den Sesam, den Parmesan, das Mehl, das Salz und das Ei zu dem Kartoffelbrei geben und alles zu einem geschmeidigen Teig verarbeiten. Daraus daumendicke Rollen formen und diese in circa 2,5 cm lange Stücke schneiden. Die jeweiligen Enden der Stücke spitz zusammendrücken und die Schupfnudeln in reichlich Salzwasser garen. Danach mit einem Schaumlöffel aus dem Wasser heben, in der Butter leicht anbräunen und warmhalten.

Kürbisgemüse

Die Kürbiswürfel zusammen mit der Schalotte und dem Knoblauch unter Rühren in Öl circa 2 Minuten andünsten. Den Weißwein angießen und fast völlig verdampfen lassen. Anschließend die Majoranblättchen dazugeben und mit den Gewürzen kräftig abschmecken. Die Sahne angießen und das Kürbisgemüse warmhalten.

Rote-Bete-Gemüse

Die rote Bete schälen und in Scheiben schneiden. Danach in wenig Salzwasser bißfest garen (das Wasser soll dabei verdampfen). Anschließend mit dem Balsamessig ablöschen und auch diesen verdampfen lassen. Die Sojasauce und die Butter unterrühren, mit den Gewürzen abschmecken.

Meerrettichsauce

Den Meerrettich in der Butter etwa 1 Minute sanft andünsten. Das Mehl darüberstäuben und glattrühren. Danach die Milch sowie die Gemüsebrühe angießen und unter Rühren vorsichtig 3-4 Minuten köcheln lassen. Abschließend die Crème fraîche hinzufügen und mit den Gewürzen abschmecken.

Die Schupfnudeln in die Mitte der vorgewärmten Teller geben, das Kürbis- und Rote-Bete-Gemüse rundherum anrichten, die Meerrettichsauce angießen und servieren.

(Pro Portion ca. 1315 kcal/5525 kJ, 40 g Eiweiß, 74 g Fett, 104 g Kohlenhydrate + 19 g Ballaststoffe, Zubereitungszeit: ca. 70 Min.)

Der Abdruck aller Rezepte erfolgte mit freundlicher Genehmigung der Zeitschrift Vegetarisch fit, HCM Verlag, Hofheim

Kürbisravioli mit Oliven-Nußsoße
(Abbildung Seite 106)

Zutaten (für 4 Personen):
Nudelteig
100 g Kürbisfleisch
400 g sehr feingemahlenes Weizenmehl oder Mehl, Type 405
3 Eier
1 Prise Salz
1-2 EL Olivenöl
Füllung
400 g Kürbisfleisch
1 Schalotte
2 EL Olivenöl
2 EL Butter
40 ml trockener Weißwein
2 EL Crème fraîche
1 EL feingehackte Kürbiskerne
1 abgestreifter Thymianzweig
evtl. 1 El Kürbis- oder Nußöl
Salz und frisch gemahlener Pfeffer
Beilage
400 g Kürbis als Beilage
1 EL Butter
Oliven-Nußsoße
4 EL Nüsse od. Saaten, z.B. Pinienkerne oder Sonnenblumenkerne
250 ml Gemüsebrühe
250 ml süße Sahne
12-14 eingelegte, kleine schwarze Oliven (aus biologischem Anbau)
2-3 EL Öl (vom Einlegen der Oliven)
1 Zweig Pfefferminze
Salz und frisch gemahlener Pfeffer
4 Kräuterzweige (z.B. Pfefferminze) zum Garnieren

Zubereitung:
Nudelteig
Das Kürbisfleisch fein pürieren. Alle Zutaten in einer großen Schüssel mit den Händen zu einem festen, aber elastischen Teig verarbeiten. Nach Bedarf etwas Mehl oder Wasser zufügen. Den fertigen Teig zu einer Kugel formen und in Klarsichtfolie gehüllt

mindestens 1 Stunde bei Zimmertemperatur ruhen lassen. Nicht im Kühlschrank lagern – der Teig wird sonst zu hart und unelastisch!

<u>Füllung</u>

Das Kürbisfleisch und die Schalotte in sehr feine Würfel schneiden. Eine Sauteuse mittelstark vorheizen. Die Kürbis- und Schalottenwürfel in der Olivenöl-Buttermischung circa 2 Minuten andünsten. Mit dem Weißwein ablöschen und 10 Minuten köchelnd eindicken lassen. In der Zwischenzeit die gehackten Kürbiskerne ohne Fett anrösten. Die Crème fraîche, die gerösteten Kürbiskerne sowie den Thymian zum Kürbis geben und weitere 10 Minuten köcheln lassen. Die Flüssigkeit sollte fast völlig verdampft sein, um eine nicht zu feuchte Füllung zu erhalten. Wer den Geschmack noch verfeinern möchte, der gibt zum Schluß einen Eßlöffel Kürbis- oder Nußöl hinzu. Die Füllung mit wenig Salz und Pfeffer würzen, abschmecken und erkalten lassen.

<u>Beilage und Fertigstellung</u>

Vom Nudelteig dünne Teigplatten ausrollen. Die Raviolifüllung in ausreichenden Abständen auf eine Teigplatte setzen. Eine zweite Teigplatte daraufsetzen und die Zwischenräume sofort gut andrücken. Die Ravioli ausradeln und die Ränder eventuell nochmals gut festdrücken, damit die Ravioli sich während des Kochens nicht öffnen. Die fertigen Ravioli sofort in leicht gesalzenem Wasser circa 10 Minuten garen.

Als Beilage eignet sich gewürfelter Kürbis: für circa 1 Minute im Ravioliwasser erhitzen, Wasser abschütten und leicht buttern.

Die Ravioli mit der Schaumkelle auf vorgewärmte Teller setzen und die Oliven-Nußsauce in die Tellermitte geben.

<u>Oliven-Nußsoße</u>

Die Nüsse in einer Pfanne ohne Fett anrösten. Die Gemüsebrühe und die Sahne in einem Topf auf circa die Hälfte einköcheln lassen. Die Oliven und das Olivenöl sowie den Pfefferminzzweig hinzufügen und die Sauce 10 Minuten warmhalten. Nach 10 Minuten den Pfefferminzzweig entfernen und die Sauce mit Salz und Pfeffer abschmecken. Das Gericht mit einigen Nüssen oder Sonnenblumenkernen und je einem Kräuterzweig dekorieren.

(Nudeln: Pro Portion ca. 730 kcal/3070 kJ, 20 g Eiweiß, 31 g Fett, 82 g Kohlenhydrate + 4 g Ballaststoffe, Zubereitungszeit: ca. 1 Std. + mind. 1 Std. zum Ruhen des Teiges. Oliven-Nußsoße: Pro Portion ca. 340 kcal/1430 kJ, 5 g Eiweiß, 33 g Fett, 3 g Kohlenhydrate +1 g Ballaststoffe, Zubereitungszeit: ca. 45 Min.)

Auberginen in Senfsoße auf Basmatireis
(Abbildung Seite 112)

Zutaten (für 4 Personen):
250 g Basmatireis
500 ml Gemüsebrühe
500 g Auberginen
Meersalz
3 Tomaten
200 ml Olivenöl zum Ausbacken der Auberginen
je 1 Msp. Chili, Paprikapulver, Kurkuma und Ingwer
2 TL grober Senf mit ganzen Senfkörnern
100 g Crème fraîche
Kräutersalz

Zubereitung:
Den Basmatireis in 400 ml Gemüsebrühe in etwa 20 Minuten weich kochen. Die Auberginen waschen, den Stielansatz abschneiden und in circa 1 cm dicke Scheiben schneiden. Diese mit Meersalz bestreuen, etwa 15 Minuten Saft ziehen lassen und danach mit Küchenkrepp abtupfen. In der Zwischenzeit die Tomaten von den Stielansätzen befreien, kurz in heißes Wasser tauchen, häuten und vierteln.
Das Öl in einer Pfanne erhitzen und die Auberginenscheiben portionsweise von jeder Seite anbraten. Anschließend aus der Pfanne nehmen und auf Küchenkrepp abtropfen lassen. In dem verbliebenen Öl in der Pfanne die Gewürze etwa 3-4 Minuten anbraten. Die restliche Gemüsebrühe, die Tomatenviertel, den Senf und die Crème fraîche zufügen und alles kurz schmoren lassen. Mit Kräutersalz abschmecken. Die Auberginenscheiben in die Sauce geben, nochmals erwärmen und circa 10 Minuten ziehen lassen. Anschließend die Auberginen in der Senfsauce sowie den Basmatireis in vorgewärmte Schüsseln füllen und heiß servieren.

(Pro Portion ca. 810 kcal/3400 kJ, 8 g Eiweiß, 60 g Fett, 53 g Kohlenhydrate + 6 g Ballaststoffe, Zubereitungszeit: ca. 40 Min.)

Der Abdruck aller Rezepte erfolgte mit freundlicher Genehmigung der Zeitschrift Vegetarisch fit, HCM Verlag, Hofheim

Süße Apfelfladen
(Abbildung Seite 158)

Zutaten (für 4 Fladen):
100 g Vollkornmehl
10 g Hefe
50 ml lauwarme Buttermilch
1-2 EL Rohzucker
1 Prise Salz
10 g flüssige Butter
1 süßer, mürber Apfel
4 TL Crème fraîche
1-2 EL ungeschwefelte Rosinen
2 EL Mandelblättchen
1 TL Honig

Zubereitung
Das Mehl in eine Rührschüssel geben, in die Mitte eine Vertiefung drücken und die Hefe hineinbröckeln. Die Buttermilch mit dem Zucker und dem Salz verrühren und dazugeben. Die Hefe mit der Flüssigkeit verrühren und zugedeckt 15 Minuten gehen lassen.
Das Mehl unter den Vorteig rühren. Die Butter zufügen und den Teig kräftig kneten. Zugedeckt an einem warmen Ort 30 Minuten gehen lassen.
In der Zwischenzeit die Äpfel schälen, vierteln und das Kerngehäuse entfernen. Die Äpfel in Spalten schneiden.
Den Hefeteig nochmals durchkneten und vier kleine, dünne Fladen formen. Die Crème fraîche auf dem Teig verteilen, die Apfelspalten fächerförmig darauf anordnen, mit den Rosinen und den Mandelblättchen bestreuen. Den Honig über die Äpfel träufeln.
Die Apfelfladen im vorgeheizten Backofen bei 200°C (Umluft 175°C) circa 25 Minuten backen.
(Zubereitungszeit: ca. 65 Min. + der Backzeit)

Der Abdruck aller Rezepte erfolgte mit freundlicher Genehmigung der Zeitschrift Vegetarisch fit, HCM Verlag, Hofheim

SÜSSE APFELFLADEN

Rezept siehe Seite 157

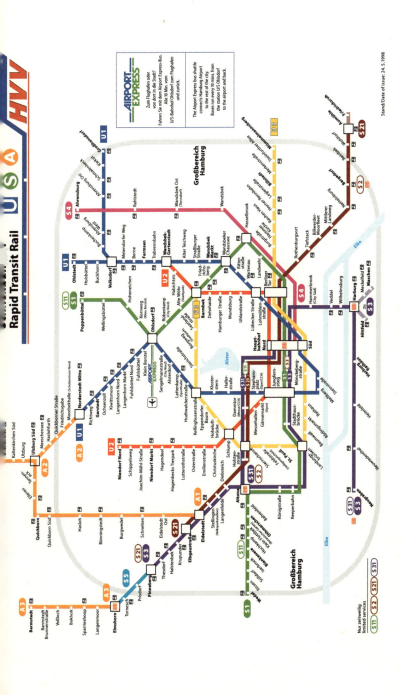